臺灣後設小説研究

黎活仁 主編

文史哲出版社印行

國家圖書館出版品預行編目資料

臺灣後設小說研究 / 黎活仁著. -- 初版. -- 臺
北市: 文史哲, 民 87
　面：　公分. -- (臺灣文學教學叢刊；1)
含參考書目
ISBN 957-549-186-6 (平裝)

1.中國小說 - 現代 (1900-　　　) - 評論

827.88　　　　　　　　　　　　　　87016518

臺灣文學教學叢刊

臺灣後設小說研究

主 編 者：黎　　　　　活　　　　　仁
出 版 者：文　史　哲　出　版　社
登記證字號：行政院新聞局版臺業字五三三七號
發 行 人：彭　　　　　正　　　　　雄
發 行 所：文　史　哲　出　版　社
印 刷 者：文　史　哲　出　版　社
　　　　臺北市羅斯福路一段七十二巷四號
　　　　郵政劃撥帳號：一六一八〇一七五
　　　　電話 886-2-23511028 · 傳眞 886-2-23965656

實價新臺幣 二六〇元

中 華 民 國 八 十 七 年 十 二 月 初 版

《台灣文學教學叢刊》第1輯(1998年12月)

本刊顧問:

瘂弦 詩人　　　　　向明 詩人　　　　　張默 詩人
李魁賢 詩人　　　　張香華 詩人　　　　陳萬益 清華大學
呂興昌 清華大學　　李瑞騰 中央大學　　陳芳明 靜宜大學
許俊雅台灣師範大學 陳凌 淡水學院　　　江文瑜 台灣大學

主編: 黎活仁(香港大學中文系)
編委: 白雲開(香港城市大學)　　陳器文(中興大學)
　　　陳義芝(聯合報副刊)　　　陳玉玲(靜宜大學)
　　　吉川雅之(京都大學)　　　江寶釵(中正大學)
　　　黃耀堃(香港中文大學)　　焦 桐(中國時報副刊)
　　　梁敏兒(香港教育學院)　　戚本盛(香港中文大學)
　　　吳興文(遠流出版公司)　　鄭振偉(香港嶺南學院)
　　　張雙慶(香港中文大學)　　(依漢語拼音排列)

執行編輯委員:
鄧擎宇(香港大學)、黃 鵬(香港大學)、余麗文(香港大學)
余詠文(香港大學)

通訊地址: Dr. Wood Yan Lai <wylai@hkucc.hku.hk>

本刊為跨地區、聯校「台灣文學」教學刊物　不定期
出版　每期希望由不同大學　不同老師任特約主編

謹以此「後設小說」研究專號

獻給

《如何測量水溝的寬度》的編者

瘂弦先生

發刊辭

黎活仁

　　研究歷史的有《歷史教學》，研究語文的有《語文教學》，但是研究台灣文學的目前仍沒有「台灣文學教學」，甚至學術專刊也不多。

　　《台灣文學教學集刊》是一本聯校、跨地區的教學刊物，前題是服務於課堂講授，培養同學的論文寫作能力，特別是當代文學理論於文本分析的應用。

　　創刊號的「後設小說」專輯發表了香港大學中文系幾位同學的論文，內容致力於整合「敘述學」和「後現代」思潮，形成有香港特色的台灣文學研究。為了提高同學寫作學術論文的興趣，我在一九九七到一九九八年度開始，於課程內設立冠、亞、季和優異獎項，得到很好的回應，獲得最高榮譽的同學也按慣例應邀發表「獲獎感言」，把謀篇的甘苦、研閱的困頓和欣愉、喜見付梓時的憂懼，作為可供承傳的經驗記錄下來，留待今後修讀的同學參考。

　　編委會的成員部分是香港大學中文系的校友，目前分佈在不同地區，在好幾個大學擔任教職，另外，就是在學術上保持緊密聯繫的良師畏友，編審則以電子郵件協調處理。《台灣文學教學集刊》既然是跨地區的教學刊物，因此將來會有不同學校的老師擔任特約主編，形成良性互動，以促進學術交流。

一九九八年十二月

目　錄

《台灣文學教學叢刊》第1輯(1998年12月)

Collected Works on Teaching Taiwan Literature

香港大學中文系「台灣文學」課程獲獎論文專輯

臺灣後設小說研究

蔡源煌〈錯誤〉的壓抑與解放觀

余麗文

論文提要: 蔡源煌〈錯誤〉是一篇有後現代意識的小説, 本文擬就法蘭克福學派的文化批評、互文性等概念作一分析, 並試解構其中的敘事空間和書寫形式。

作者簡介: 余麗文, 女, 1975年生, 香港大學中文系3年級(1997-1998)。

關鍵詞: 蔡源煌 〈錯誤〉 後設小説 法蘭克福學派(The Frankfurt School) 馬庫色(Marcuse) 布希亞(Baudrillard) 大敘事 小敘事 書信體 旅行形式 分裂性 互文性

獎項: 本文獲香港大學中文系1997-1998年度3年級「台灣文學」課程學期論文冠軍

一. 故事梗概

〈錯誤〉[1]由兩個不同的故事所組成, 其一, 是台中仔與張玉綢的愛情故事, 其二, 是一個自稱為「作者」的敘事者寫作

---

[1] 蔡源煌:〈錯誤〉, 收入《如何測量水溝的寬度》(瘂弦編, 台北: 聯合文學出版社, 1987, 2版), 頁147-170。蔡源煌 (1948-), 台灣嘉義人, 畢業於台灣大學外文系, 於美國紐約州立大學獲取英美

台中仔與張玉綢的故事。兩段故事既平衡發展，亦有互相插入；在跳躍不定的敘事結構中，可見作者所提出的壓抑與解放的觀念。

二. 法蘭克福學派和馬庫色

　　法蘭克福學派建基於西方馬克思主義，對社會意識和文化進行尖刻批評。六零年代後期，「西方國家掀起抗議發達工業社會體系化控制的「新左派」運動」[2]；法蘭克福學派其中的表表者如馬庫色(Herbert Marcuse, 1898-1979)、阿多諾(Theodor Adorno, 1903-1969)等的理論更成爲激進運動的基礎[3]。這個學派尤其意識到「美國社會文化中的表現及其在理性外殼下潛藏的無理性：一種有效地使群衆無思想地、盲目地受到一體化控制的文明體系和極權主義政治有對等關係」[4]，他們亦批評這種虛假的自由其實是對大衆個性獨立的重大壓抑。亦

　　文學博士，現任台灣大學外文系教授。著有文學評論《文學的信念》、《當代文學論集》等等。

[2]　楊小濱(1963-)：《否定的美學：法蘭克福學派的文藝理論和文化批評》(Negative Aesthetics: Frankfurt School's Theories of Literature and Art)，台北：麥田出版社，1995，頁11。

[3]　有關馬庫色，可參考Douglas Kellner(1943-), Herbert Marcuse and the Crisis of Marxism, London & Berkeley: MacMillan Press & University of California Press, 1984。有關法蘭克福學派，可參考Martin Jay(1944-), The Dialectical Imagination, Boston: Little, Brown & Company, 1973, Douglas Kellner, Critical Theory, Marxism, and Modernity, Cambridge & Baltimore: Polity P & John Hopkins UP, 1989。

[4]　楊小濱，頁23。

由於市場商品化和消費主義滲入至個人之中, 令他們不自覺地被社會的消費意識所控制和蒙蔽。

1. 單向度的人

　　馬庫色是法蘭克福學派早期的奠基者, 於《單向度的人》(*One Dimensional Man*, 1964)一書中論述了發達工業中所隱藏的「極權主義性質」, 「規定了人的職業、生活態度、需要和願望」[5], 而導致人無法確認眞實和虛假需要的分別, 導致「自主性」的缺失, 成爲物慾的奴隸。將這種社會共同認可的標準視爲唯一的生活方式, 便是馬庫色所謂的「單向度社會」。這種「單向度」的特徵可以描述爲「依順於社會控制, 無獨立思考和批判能力的盲從性, 虛假的需要和意識, 模仿型行爲的機械性操作和複製」[6]。

　　馬庫色所提到的文明工業的壓抑, 出現於〈錯誤〉文本之中, 分別爲對金錢、貞節等社會標準的認同。張玉綢所面對的是對貞節/貞女概念的認同, 她於信中強調「三個月前我還是個處女。我沒有騙你, 你相信我嗎?」[7], 不斷申明自己是處女的原因, 是要撫平自己只是爲了付母親的醫藥費而淪落至販賣肉體的創傷, 是迫不得已的。信中的自我剖白證明了玉綢是不斷受良心的責備, 承受文明社會對女性貞潔觀念的壓抑。台中仔則爲了有一「安身立命之所」而要向現實低頭, 找補習社的工作只爲生活所需, 爲對金錢標準的認同;另一個構成社會意識的則是其對當「作家」的虛榮心。他希望成爲作家也只是源

---

[5]　楊小濱, 頁212。
[6]　楊小濱, 頁213。
[7]　蔡源煌, 頁147。

於受社會共識概念的影響，為「作家神話」所感染，意圖追求大眾認同的形象。而敘述者「作者」同樣在追求已存在的意識，而在不自覺中盲目地追隨了文本的建構性，對「後設小說」概念作重新的審定。

2. 後設小說

　關於「後設小說」(metafiction)的特徵，張惠娟(1956-)曾經作了歸納，如「強調作品的虛構性，打破讀者囿於寫實傳統的習慣」、「創作時亦談創作」、「暴露寫作過程」、「凸顯讀者的角色，力邀讀者介入作品之中，和作者一起玩文字遊戲」[8]等等。「後設小說」強調作者有意挑戰讀者的閱讀習慣，一方面界定該手法對閱讀過程的突破，卻沒想到創新的觀念會變成另一種成規，對讀者和作者造成限制。

　〈錯誤〉中的敘述者「作者」明顯地受到「後設小說」創作概念的影響，手法上用第二人稱「你」強調讀者存在；在說明「作者」的困擾時，卻同時假設讀者的意向。「我和你們一樣，都希望有情人終成眷屬」，「既要按照大家的意思來安排結局，又不要違逆我初步的構想」[9]等均是敘述者的假設。所謂的「當作家們喋喋不休為自己辯護時，我是不會跟進的」[10]，便已經是極大的反諷。「後設小說」中強調的讀者自由，卻又由於盲目的推崇，而變成另一種的壓抑，讀者更大有可能因而受文本假設的限制，影響閱讀。

---

[8]　張惠娟：〈台灣後設小說試論〉，《當代台灣評論大系》(鄭明娳編，台北：正中書局，1993)，卷3，頁201-227。

[9]　蔡源煌，頁160, 162。

[10]　蔡源煌，頁162。

　　馬庫色認爲要推翻壓迫性的建制, 建立自由的社會, 方法就是對自然的解放, 自然包括「人的本能、感官和人的生存環境」[11]。〈錯誤〉中的愛情故事主角, 希望透過愛慾達致解放感官和本能的壓抑。玉綑將這次愛慾關係幻化成「一段錯緣」和「第一次眞情」, 陶醉於唯一的一次自主。「我才敢帶你進來」[12]的決定可理解爲一種反抗。台中仔所受到的壓抑可能是「我的歉疚刺痛著我的良知」[13], 然而道德上的責任, 卻未能掩蓋他對「那一場偶然演出的即興戲」的回味; 而刻骨銘心的原因則可溯源於對壓抑的反抗。

三. 革命、詩與符號

　　台中仔對鄭愁予 (1933-) 兩首詩的喜愛符合乎了馬庫色的分析, 藝術可以通過新的語言形式反抗旣定的社會秩序, 革命可以是

> 從質的方面發展不同的社會狀況和社會關係,
> 也許可以另一種不同的語言的發展程度來表明……
> 詩人是徹底的不屈從者[14]

　　詩的語言在馬庫色的意識中, 是對現實語言的一種反抗; 一如嬉皮士文化對正統文化的戲謔, 又或黑人音樂對古典

---

[11] 楊小濱, 頁224。
[12] 蔡源煌, 頁162。
[13] 蔡源煌, 頁155。
[14] 楊小濱, 頁224。

音樂作刺耳的、反理性的衝擊，轉而推崇直接震動肉體的形式。在〈錯誤〉中，玉綢和台中仔對文明機制的反抗，是在於對「詩」的追求；然而在體驗和理解文字時，卻出現了不同的詮釋。玉綢所記掛的是鄭愁予的〈錯誤〉：

> 我達達的馬蹄是美麗的錯誤
> 我不是歸人，是個過客⋯[15]

　　然而台中仔所喜愛的是鄭愁予另一首作品〈情婦〉，最刻骨銘心的是那句：

> 我想，寂寞與等待，對婦人是好的[16]

　　兩人對詩的喜愛可被視為一種反抗行為，是一種對符號的崇拜。

1. 能指和所指

　　一如德里達 (Jacques Derrida, 1930-) 所提示的言語理論，能指(Signifier)和所指(Signified)的關係已非索緒爾 (Ferdinand Saussure, 1857-1913)所劃分的二元系統。新的言語關係演變成一串環狀的鏈，意義相對地不斷「延異」（ différance ），終結的意義卻不能被尋找到。兩個詞語「錯誤」和「情婦」一如德里達所言，不斷被延續但未能獲得最終的意義。

---

[15] 蔡源煌，頁150。
[16] 蔡源煌，頁151。

2. 擬象與後現代性

布希亞 (Jean Baudrillard, 1929-)提出後現代社會的「擬象」 (simulation) 概念, 他認為「擬象」:

> 不再是對一個領域的模擬, 對一個指涉性存有
> (referential being)的模擬, 或是對一種本質的模擬。
> 它不需要原物或實體, 而是以模型來產生真實：一
> 種超真實 (hyperreal)[17]

這種擬象成為了真實, 而原先存在的意義已不再存在。如「錯誤」這個觀念便失去了原有的穩定意義, 變成了玉綢的個人意識想像。「錯誤」的理解已轉化成玉綢單方面對愛慾的理解, 想像一次放縱後的不安。「錯誤」可以是緣份對二人的作弄, 可以是玉綢所受良心責備, 也可以是自覺為籌備醫藥費而犧牲感到不智；意義除了不斷被「延異」(différance), 更抹殺了存有確定指涉性的觀念, 意義變成了一種「超真實」。

而「情婦」一詞的意義, 同樣成為了只是想像中被浪漫化了的象徵符號, 缺乏一個現實的實際指向。文中亦曾出現過認為「情婦」一詞「用詞不當」的批評, 因台中仔尚未結婚, 亦即實體指涉已不再重要, 後現代性提出詞語正變成只依靠想像的模型來產生真實。「情婦」的概念是一個浪漫化了的擬象, 所寄存的只是以往出現的女性形象：

---

[17] 史帝文•貝斯特(Steven Best)、道格拉斯•凱爾納(Douglas Kellner): 《後現代理論：批判的質疑》 (*Postmodern Theory: Critical Interrogations*, 朱元鴻等譯, 台北：巨流圖書公司, 1994), 頁150。

　　　　她有一頭垂肩的秀髮，髮梢微微的向內捲起…
　　我記得美艷的電影明星，像凱琳丹妮芙、珍西蒙、
　　布魯克席德斯，都是長髮披肩[18]

　　台中仔的「情婦」概念是建基於對電影明星的浪漫想像，意義便只是透過對虛擬幻象的模仿，缺乏深層意義的指涉性。
　　蔡源煌在處理文本建構上，同樣採用了後現代手法以反抗社會的公認意識。他在安排敘事文中，傾向採取多元性質，是比較接近李歐塔 (Jean-Francois Lyotard, 1926-1998)的思想，設法打破「大敘事」(grand narrative)要求同一性的觀念，亦即哈伯馬斯 (Jürgen Habermas, 1929-)理想化了的共識，轉而認同小敘事(little narrative)。

3. 哈伯馬斯與李歐塔的論爭

　　哈伯馬斯辯稱「現代性的大業植根於啓蒙性的脈絡、至今尚未完成」，李歐塔則認為「現代性實際上已被歷史清盤」[19]。兩人相對的地方在於哈伯馬斯提倡達成理解的共識，而李歐塔則認為共識往往是強者的意念強加於弱者身上而達至的。李歐塔更力言後現代只有「小規模的多重性敘述」(small and

---

[18] 蔡源煌，頁153。
[19] 蓮達・赫哲仁(Linda Hutcheon, 1947-)：《後現代主義的政治學》(*The Politics of Postmodernism*, 劉自荃譯，台北：駱駝出版社，1996)，頁28。

multiple narratives), 而不追求「普遍的穩定性或合法性」[20]。應用於文學上亦即反對作者擁有唯一解釋權, 提倡文學創作和文學批評可以多元發展, 無須達成一個共識, 不同的聲音可以並存。這其中小敘事的概念一如俄國評論家巴赫金 (Mikhail M Bakhtin, 1895-1975)提出「衆聲喧嘩」(heteroglossia)的概念, 儼如「教堂」一樣, 容納各式各樣的人, 他們可以是互相對立或難以溝通, 卻能同時並存在一個場所之內。[21]

四. 敘事時間的分裂

　　作者蔡源煌在處理敘事的時候, 故意取分裂性的手法來攻擊以往總體化的概念。伊哈布‧哈山 (Ihab Hassan, 1925-)以「分裂性」 (fragmentation) 的解釋作爲攻擊「總體化」的一種手段, 是「喜歡剪輯、拼貼、隨處發現的或支離破碎的文學客體」[22]。〈錯誤〉文本中的敘事時間屬於跳躍和破碎的, 被敘述故事的原始時間與文本中的敘事時間交叉穿插。故事的原始時間應由三個不同情節構成:

A.　三個月前玉綢母親病重→玉綢在中華路上班→遇見台中仔→寫信→離開

---

[20] 赫哲仁, 頁28。
[21] 朱立元主編:《當代西方文藝理論》, 上海:華東師範大學出版社, 1997, 頁262。
[22] 伊哈布‧哈山:《後現代的轉向》 (*The Postmodern Turn: Essays in Postmodern Theory and Culture*, 劉象愚譯, 台北:時報文化, 1993), 頁257。

B. 台中仔在大學唸國文系→畢業後於補習班工作→造斷線風箏的夢→往寫作班聽講→遇見玉綢→接到信件→追至勝興

C. 作者寫愛情故事

然而文本的敘事時間卻是採用了不規律的敘事方式，有倒敘(回憶)、順敘(看信、台中仔回家)、或敘事時間與人物行動同步進行(台中仔坐火車往勝興)。舉例如玉綢的故事情節(即A部份)，敘事時間是：

玉綢離開→信件展現予讀者→揭示二人的關係→回憶在中華路上班→揭示母親病重

這段敘事情節中，蔡源煌採用完全相反的敘事時間；但台中仔一節(即B部分)則是用交錯的手法寫成。敘事時間的跳躍不定，影響了讀者對敘事文的直接認識，從而更令讀者對文本的空間和時間的處理有不同的理解，及展現了多於一種的寫作可能性。

五. 敘事的書寫形式

在敘述的層次中，〈錯誤〉展示了閱讀和演繹的多種可能，獨具匠心地採納多樣化的形式建構文本。

1. 書信體的流變

蔡源煌在經營文本的時候，引入了不同的書寫形式，擴闊了單一化的寫作形式。書信體可追源西方十八世紀的書信體小說(epistolary novel)傳統，重要的作品有孟德斯鳩(Chales de

Secondat Monteguieu, 1689-1755)的《波斯書簡》(*Persian Letters*, 1721), 理查遜(Sameul Richardson, 1689-1761)的《潘蜜拉》(*Pamela*, 1739)和《克萊麗莎》(*Clarissa*, 1747), 以及拉科婁(Choderlos de Laclos, 1741-1803)的《危險的私通》(*Les Liaisons Dangereuses*, 1782)。王德威(1945-)在〈評公開的情書〉一文中, 指出這種寫作方式應考慮其「可能蘊涵的動機及其延伸的社會文化意識」[23]。西方書信體多描寫男女錯綜複雜的關係, 以滿足於

> 西方中產階級著重隱權及所有權的心態, 而又藉「小說」印刷刊行的方式, 「偷窺」或「竊聽」了他人的心事[24]

這種俳徊於「公開」和「私隱」之間, 造就了讀者的偷窺心理。台中仔對情書十分重視, 是因爲極重視一己的私隱, 「我認爲, 那是我個人的事情, 是我的隱私權和秘密」[25]; 然而極諷刺地這封情書卻先展現於讀者面前, 滿足了讀者的偷窺慾。情書應有明確的聽衆, 但礙於玉綢並不知道台中仔的名字, 以致信中欠缺了上款。第二人稱「你」直指讀者, 令讀者一方面在偷窺, 一面卻又感到被發現, 形成尷尬場面, 同時令讀者意識到正處於閱讀的過程之中。

---

[23]　王德威:〈評公開的情書〉,《衆聲喧嘩:30與80年代的中國小說》, 台北:遠流出版社, 1988, 頁199。

[24]　王德威, 頁200。

[25]　蔡源煌, 頁153。

2. 旅行的寫作形式

描述和交代台中仔一節中，作者利用了「旅行」這個形式作一整合。在呂芃的〈作為形式要素的旅行〉一文中，筆者歸納旅行作為形式要素的功能：將故事轉化為情節；製造或強化「陌生化」的效果；塑造或展示人物的性格內涵；體現某種象徵意義[26]。以這一角度分析，在〈錯誤〉裡面，台中仔前往勝興一節，雖是敘述和動作同時發生，「陌生化」(defamiliarize)的效果卻被「作者」的聲音不斷干擾。「陌生化」原為什克洛夫斯基(Victor Shklovsky, 1893-1984)所提出的概念，指出托爾斯泰(Lev Tolstoy, 1828-1910)的反常化手法，「他不用事物的名稱來指稱事物，而是像描述第一次看到的事物那樣去加以描述，就像是初次發生的事情」[27]。但台中仔的心理狀態卻一直受阻隔，讀者不但未有陌生感，反而在旅行「生疏當中，還是帶有一息熟稔的感覺」[28]。而人物性格也因被轉移至「作者」如何處理人物方面而未有發展。旅行的象徵意義變成無終點的過程，時間和空間也因而被凝固，故事的情節突然折斷。

3. 互文性

張惠娟曾指出蔡源煌有「對於寫實主義認定感官所見即為真實的反感」[29]。這可反映於〈錯誤〉中作者插入的聲音

---

[26] 呂芃：〈作為形式要素的旅行〉，《山東大學學報 (哲學社會科學版)》，1991年第2期，1991年6月，頁38。

[27] 什克洛夫斯基:〈作為手法的藝術〉("Art as Technique")，《俄國形式主義文論選》(方珊等譯，北京：三聯書店，1992)，頁7。

[28] 蔡源煌，頁159。

[29] 張惠娟，頁204 - 205。

　　日常生活當中所能夠憑經驗感官去察覺的現
實。我們斗膽而帶有幾分無知愚昧地相信那就是所
謂的現實。…在黑暗中, 一定有著我們所看不到的
什麼東西冥冥中在那裡存活著。[30]

　　張惠娟認為這是對現實主義寫作形式的抗衡, 其實卻更
接近後現代性的批評, 那些以感官看見的不再是事實, 只是模
擬的世界; 所謂的現實只是蒙蔽性和壓迫性造成的「單向度社
會」現象。蔡源煌不止一次直接指向真實存在的文本, 如鄭愁
予的〈錯誤〉、〈情婦〉和黃春明(1939-)的《看海的日子》;
表面上便是指向文本互涉性。「相互指涉」(intertextuality)的
概念乃克莉斯特娃(Julia Kristeva, 1941-)所創, 她認為「文學作
品乃是文學轉換的組織結構, 重新調配語言秩序, 並關連溝通
語言與各種較早或同時的陳述」, 「每一個字(作品)乃是文字
(許多作品)的交匯, 從中至少可以讀到另一個字。我們一旦在
作品中談到其他作品, 或看出作品依賴於其他作品, 我們便進
入了相互指涉的空間」, 「每一件作品都拮取自另一作品, 並
加以轉化, 於是相互指涉的觀念取代了互為主體的觀念」[31]。
玉綢的角色便是不幸但堅強的白梅和被浪漫化了的情婦形象
的混合, 也展示了小說的文本都是在互相影響, 並不存在文本
性, 而只有互文的關係。

---

[30] 蔡源煌, 頁158。
[31] 毛崇杰、張德興、馬馳主編:《二十世紀西方美學主流》(長春:
　　吉林教育出版社, 1993), 頁889 - 890。

六. 總結

　　作者認定在黑暗中必有未探討的領域，必須對現實作出懷疑。現實只是被壓抑的大敘事，未能滿足；相信黑暗是要提出解放和質疑。然而答案並不重要，後現代提出對小敘事的追求，容許不同的可能性才是正式的解放。〈錯誤〉的結尾沒有正確答案:

> 玉綱那封信是真的 (？)
> 而她也真的「走了」(？)
> 其餘的細節我就不知道了 (？)

　　作者所言是否屬實並不重要，反正書寫可以是一種錯誤，閱讀可以是一種誤讀，致力於詮釋也就只是另一種壓抑。

參考文獻目錄：

BEI

貝斯特，　史蒂文(Best, Steven)、道格拉斯·凱爾納(Douglas Kellner):《後現代理論:批判的質疑》(*Postmodern Theory: Critical Interrogations*)，朱元鴻等譯，台北：巨流圖書公司，1994。

CAI

蔡源煌:〈錯誤〉，《如何測量水溝的寬度》，瘂弦編，台北：聯合文學出版社，1987, 2版，頁147-170。

HA

哈山,　伊哈布 (Hassan, Ihab)：《後現代的轉向》 (*The Postmodern Turn: Essays in Postmodern Theory and Culture*), 劉象愚譯, 台北：時報文化, 1993。

HE

赫哲仁, 蓮達 (Hutcheon, Linda)：《後現代主義的政治學》(*The Politics of Postmodernism*), 劉自荃譯, 台北：駱駝出版社, 1996。

LÜ

呂芃：〈作為形式要素的旅行〉,《山東大學學報 (哲學社會科學版)》, 1991第2期, 1991年6月, 頁32-38。

MAO

毛崇杰、張德興、馬馳主編：《二十世紀西方美學主流》, 長春：吉林教育出版社, 1993 。

WANG

王德威：〈評公開的情書〉,《衆聲喧嘩：30與80年代的中國小說》, 台北：遠流出版社, 1988, 頁199-207。

SHI

什克洛夫斯基, 維克托 (Shklovsky, Victor)：〈作為手法的藝術〉("Art as Technique"),《俄國形式主義文論選》, 方珊等譯, 北京：三聯書店, 1992, 頁1-9。

WO

渥厄,　帕特里莎 (Waugh, Patricia)：《後設小說－－自我意識小說的理論與實踐》(*Metafiction*), 錢競等譯, 台北：駱駝出版社, 1995。

YANG

楊小濱:《否定的美學：法蘭克福學派的文藝理論和文化批評》(*Negative Aesthetics: Frankfurt School's Theories of Literature and Art*), 台北：麥田出版社, 1995。

ZHANG

張惠娟：〈台灣後設小說試論〉, 《當代台灣評論大系》, 鄭明娳編, 台北：正中書局, 1993, 卷 3, 頁201-227。

ZHU

朱立元主編：《當代西方文藝理論》, 上海: 華東師範大學出版社, 1997。

Jameson, Fredric, *Postmodernism, or, the Cultural Logic of Late Capitalism*, London: Verso, 1991.

Marcuse, Herbert, *One-Dimensional Man*, London: Routledge, 1991, 2nd edition.

Ritzer, George, *Postmodern Social Theory*, New York: McGraw-Hill Companies, Inc., 1997.

評語：黎活仁

1. 余麗文同學今年得到三年級「台灣文學」學期論文的冠軍, 同時又拿下三年級「現代文學」學期論文的第一名, 在寫作論文方面無疑有很好的天份；
2. 鄭愁予的詩十分有名, 被譽為浪漫主義的崇高文體；可是待解構的文本, 卻寫一雙「鳥男女」卿卿我我之時, 以崇高文體互表心跡, 論理自有其匠心, 其中調侃流行作家以及「酸葡萄情結」兼而有之, 在「能指」失去了「所指」的

新形勢之下,「牛頭不答馬嘴」, 襄王無夢, 遂有後來的悲歡離合。　不過, 詮釋者的一顆善心, 或一心向善, 以為賦詩見意, 可視作「反抗行為」, 如是勝義間出, 大大提升了作品的內涵, 有拔高之嫌, 是否屬於「過度詮釋」, 則有待就證於高明;

3. 把小說當作「旅遊指南」來寫, 是一種技法, 而「旅行」的敘述目的是以「陌生化」的角度發展情節, 不過解構者找到文本中有一句話, 即在旅行之際,「生疏當中, 還是帶有一息熟稔的感覺」, 判定「熟稔的感覺」實作者暗露的玄機, 趁機把「故事情節折斷」, 刻意干擾順序敘述, 這一詮釋「非」「無益於文義」;

4. 小說開端先來一封情書, 依詮釋者的「過度詮釋」, 是為滿足讀者的「偷窺癖」; 這封「拉夫列達」的作者是個妓水, 本來要寫給一位不知名姓的霧水「官人」/「姐夫」, 因此欠缺上款,「過度詮釋者」認為作者的匠心, 是以「第二人稱『你』直指讀者」, 無疑認為作者有意調侃讀者。 在我看來, 詮釋者手持著雙刃劍, 不但調侃了作者, 又調侃了讀者;

5. 以德里達的「延異」和布希亞的「擬象」給「情婦」釋義, 嬉戲一番, 足見行有餘力, 尚可以有所作為。(完)

得獎感言: 余麗文

　三年大學生涯, 原是虛幻, 留下的幾近於空白, 如果沒有這篇尚算費心經營的習作的話。 老師善意地設立具鼓勵意義

的「學期論文比賽」，自問思維能力不足，心思未夠細密，要進行「良性互動」，難矣哉？朝夕蹤面的二三知己卻積極回應，自覺得不妨也嘗試進行一次意志力的考驗。 於是開始苦思冥想，讓結集了無限思緒的文辭，可以像穿上嫁衣的新娘展現最美好的風姿，可是，下筆的流程一如過盡萬水千山，攀升再攀升，知識的顛峰就像傳說中的「蜀道」，「蜀道之難，難於上青天」，如果能不改其樂，那麼總是會找到趣味的。

法蘭克福學派、後現代主義和敘事學等等，都是最前衛、最能取悅學者的文學、文化玩意，這些吃腦的理論浩如瀚海，浮沉俯仰其間，漸覺天地的無窮，不管是「正讀」或是「誤讀」(misreading)，都足以擴闊視野，可以自我提升、自我挑戰。 一切都是量力而為，不想能獲黎活仁博士的青睞，得到意想不到的嘉許！

好的演說不必太長，得獎感言也可以是比較短小的，謹趁這個機會感謝黎博士的指導，學生實在深受教益；希望年來致力推行的理論教學能夠排除萬難，堅持下去，相信不必待以時日，就好像班上心領神會的友儕一樣，脫穎而出，繼續向無限的境界進行探索。(完)

[責任編輯: 梁敏兒、鄭振偉、鄧擎宇]

巴代耶「排泄書寫」與「踰越」理論
——黃凡〈如何測量水溝的寬度〉的分析

余詠雯

論文提要: 黃凡〈如何測量水溝的寬度〉突破文學成規, 是一篇自我意識的後設小說, 本文擬就巴代耶的「排泄書寫」與「踰越」理論等後現代概念作一闡析。

作者簡介: 余詠雯, 女, 1976年生, 香港大學中文系3年級(1997-1998)學生。

關鍵詞: 黃凡〈如何測量水溝的寬度〉 後設小說 巴代耶(Georges Bataille) 排泄書寫 踰越理論 霍蘭德 肛門型性格 德里達(Jacques Derrida) 邏各斯中心主義(Logocentrism) 索緒爾(Ferdinand de Saussure) 能指 所指 巴赫金(Mikhail Mikhailovich Bakhtin) 嘉年華會 互文性

獎項: 本文獲香港大學中文系1997-1998年度3年級「台灣文學」課程學期論文冠軍

一. 引言：開拓台灣後設小說的文學現象

黃凡(黃孝忠, 1950-), 台北市人, 中原理工學院畢業, 學的雖然是工業工程, 但曾在貿易公司、食品工廠、出版社任職, 生活經驗甚豐, 曾獲《中國時報》文學獎和《聯合報》小說獎

數次。在一九八五年十一月,他所發表的短篇小說〈如何測量水溝的寬度〉,瘂弦(1932-)、蔡源煌(1948-)等都認爲是台灣少見的後設小說[1],作家如蔡源煌、張大春(1957-)等沿波而得奇,一度大力經營這一文體。

二. 〈如何測量水溝的寬度〉的 「排泄書寫」

「排泄書寫」的應用見於喬治・巴代耶 (Georges Bataille, 1887-1962) 的情色作品[2]中,巴代耶更獲得「排泄哲學家」(the excrement-philosopher) 的封號。他認爲「情色基本上是種逸軌、脫序、踰矩的現象」[3]。由於性器官也是排泄器官,因此性與排泄器官、排泄行爲、排泄物是息息相關的。在這些作品中也可見「排泄書寫」的特質。而這種特質與霍蘭德 (Norman N. Holland, 1924-)在《文學反應動力學》(*The Dynamics of Literary Response*)於「肛門型性格」的分析可作一整合。

《文學反應動力學》是「讀者反應」理論的經典作之一。霍蘭德的精神分析對弗洛依德(Sigmund Freud, 1856-1939)的人格理論加以發揮。弗洛依德將人格發展分爲三個階段:口腔階段（**Oral Stage, 0-1.5歲** ）、肛門階段（**Anal Stage, 1.5-3歲** ）

---

[1] 張惠娟:〈台灣後設小說試論〉,《當代台灣評論大系》第3卷（台北:正中書局, 1993 ）,頁202。

[2] 巴代耶的情色作品有:1928年著《眼睛的故事》(*Historie de l'oeil*)、1937年著《愛德華姐夫人》(*Madame Edwarda*) 和1966年著《我的母親》(*Ma Mére*) 。

[3] 賴守正:〈禁忌與踰越——巴代耶的情色觀〉,載何春蕤編:《性/別研究的新視野——第一屆四性研討會論文集》（下）（台北:元尊文化, 1997 ）,頁55。

和性器階段（Phallic Stage, 3-5歲）[4], 這種學說更被應用在各種文化分析的層面上。

1. 蒐集的行為

霍蘭德認為兒童在「肛門階段」開始學會厭惡, 還學會區別珍貴和不感興趣的東西, 把保存和蒐集的欲望與興趣轉移到他人認為不那麼討厭的東西[5]。巴代耶也認為人類厭惡自己的排泄物, 要加以排斥。在文學作品中, 作者往往將一些厭惡的東西攝入體內, 然後在他的作品中排泄出來。在〈如何測量水溝的寬度〉中, 敘述者謝明敏也有蒐集的行為, 在作品中有三處可引證。

第一, 在小說的第三章裏, 敘述者謝明敏自謂一直保存著父親的照片, 可見其蒐集習慣。不獨是蒐集, 作者更將所蒐集的東西排泄於作品中。第二, 在小說開首, 敘述者謝明敏自言他的話題有多種, 包括天氣、藥物和貝殼等, 在此處作者加插了一個「括弧按語」(Parenthetical Expression), 說敘述者收集這些東西, 有滿滿一抽屜, 正正表現出作者喜將自己蒐集的東西以文字排泄出來。

第三, 此外, 這個故事的主題也可見他蒐集的嗜好。在故事中, 作者用了一定的篇幅來敘述謝明敏致力蒐集有關水溝的資料, 如致電市府工務局、環保局去查問, 更私下約了環保局的馬小姐和陳小姐, 打聽有關水溝的資料, 可見謝明敏是有「肛門型性格」的特質。

---

[4]　霍蘭德:《文學反應動力學》(*The Dynamics of Literary Response*, 潘國慶譯, 上海:上海人民出版社, 1991), 頁45。

[5]　霍蘭德, 頁44。

2. 穢物的形象、氣味與聲音

　　以往礙於中國傳統, 穢物不便形諸筆墨。為了顛覆人類文明的禁忌,「排泄書寫」的文學作品(又可稱為「肛門作品」)有其現代/後現代意義。穢物的形象、氣味和聲音就是這類作品的意象。現試從此方面作一論述。

(一) 肛門作品的意象

　　霍蘭德認為污穢的意象是肛門作品的標誌。此文是由測量水溝來建構小說的「框架」 (frames)。「水溝」這一建設, 於人們心目中是骯髒的, 根本沒有人會關心這一建設, 連作者也意識到這點。他在文中開首便說:「測量水溝永遠不會是個有趣的話題」[6], 文中還提及:

　　　水溝是城市的排泄管, 就像你我的肛門, 沒有
　　人喜歡談論它。[7]

　　可見作者雖然意識到水溝是骯髒, 且具有排泄功能, 但他仍以測量污穢的東西作為小說的框架。作者是有意締造「肛門作品」的。

　　作者不但寫污穢的東西, 還寫了骯髒的行為。巴代耶理論其中一個是「踰越」的觀念, 泛指超脫一般社會的習俗規範, 以及主流霸權論述的脫序、逸軌思想或行為。[8]在文中的污穢行

---

[6]　黃凡:〈如何測量水溝的寬度〉, 瘂弦編:《如何測量水溝的寬度》(台北:聯合文學, 1987), 頁3。
[7]　黃凡, 頁4。
[8]　賴守正, 頁58。

爲實際上指身體放蕩失控的狀態和表現, 正是「排泄書寫」的特質。在文中謝明敏向同居女友講述他小學時以一毛錢向一個叫「金魚」的女生作出猥褻的行爲, 這無疑是不雅的, 但作者特意將這片段寫進作品裡面。

　　霍蘭德認爲「肛門作品醉心於穢物、氣味 —— 尤其是那些令人作嘔的氣味」[9]。〈如何測量水溝的寬度〉也有描述了一些穢物和難聞的氣味。在第一章, 作者提到各式各樣的水溝時, 說陰溝終年都會散發著臭味, 跟著又提到臭氣會從柵欄型的水溝蓋縫隙衝出。而「水溝幫」在測量水溝的途中, 作者亦刻意描寫他們所見的骯髒情境:

> 　　過了好一會兒, 我們止住笑, 用力吸著鼻子, 因爲從什麼地方正傳來垃圾焚燒的氣味。再過一會兒, 我們聞到了雞糞的味道(也可能是狗糞, 時隔多年, 憑回憶很難確定究竟是那種氣味。)這個味道過後, 便有光影在眼前跳動, 那是一塊隆起的小土堆, 泥層裡混雜著碎玻璃、煤渣和磚屑。[10]

　　水溝所散發的臭味、焚燒垃圾的氣味、雞糞或狗糞的味道、泥層所混雜的碎玻璃、煤渣和磚屑等氣味及穢物, 正合霍蘭德所說的「肛門作品」的特徵。

---

[9]　霍蘭德, 頁45。
[10]　黃凡, 頁11。

（二）耳朵替代肛門

霍蘭德認為聲音是常見的肛門意象, 通過「向上移置」的機制, 耳朵可能代替肛門[11]。文中寫到水溝的臭氣時, 提及水溝於我們腳下喘息、呻吟、蠕動, 當它「打個嗝」時[12], 臭氣便衝出。這裏「打個嗝」的含義就如同「放屁」一樣, 耳朵則取代了肛門。

作者不僅敘述水溝發出臭氣的聲音, 還在說話中表現了人物的肛門型性格。敘述者謝明敏說盧方會於一九七六年死於車禍, 盧方便罵謝明敏「放你媽的臭屁」[13]。此外, 作者還描寫都市裏噪音污染的情況:

> 我煞住車打算在水溝上沈思些童年往事, 不意
> 後面喇叭聲大作, 這種聲音是都市的恥辱。[14]

這些污染城市的噪音, 是作者和市民所討厭的, 作者在作品中提及, 是有意「踰越」寫作傳統和禁忌。不管「排泄書寫」是對傳統道德之顛覆, 或是主流霸權論述的脫序, 但共通點都是對社會上種種禁忌壓抑表示不滿, 欲除之而後快。[15]

---

[11]　霍蘭德, 頁45。
[12]　黃凡, 頁4。
[13]　黃凡, 頁19。
[14]　黃凡, 頁10-11。
[15]　Michael Richardson (1953-), *Georges Bataille*, New York: Routledge, 1994, p.7; Susan Rubin Suleiman (1939-), "Pornography, Trangression, and the Avant-Garde: Bataille's *Story of the Eyes*." in *The Poetics of Gender*. ed. Nancy K. Miller (1941-), New York: Columbia UP 1986, pp.128.

三. 「嘉年華會」的寫作手法

巴代耶「踰越」的觀念指的是個人或群體在某些場合, 如嘉年華會(Carnival)違反「理性」原則的脫軌經驗。[16]在踰越經驗中, 辛勤工作變爲狂歡逸樂, 人類的行爲變得失控。這些踰越的經驗可用巴赫金(Mikhail Mikhailovich Bakhtin, 1895-1975)在《陀思妥耶夫斯基詩學問題》 (*Problems of Dostoevsky's Poetics*, 1929) [17]中提出的「嘉年華會」理論（即是「狂歡化詩學」）加以闡析。巴赫金的「嘉年華會」是一種「笑文化」理論, 這一「笑文化」能容納一切文學體裁、各種語言, 而且更打破邏各斯中心主義(Logocentrism), 含顚覆性的思維結構。人們在嘉年華會裏可做自己喜歡做的事。在這篇作品裏, 開首是講及測量水溝之事, 水溝等於人類的排泄系統, 是人類極力避而不談的, 文中這些污穢意象的描述足證此篇運用了「嘉年華會」理論。

1. 文學符號的不確定性

「嘉年華會」給我們的提示是能容納不同語言。小說的「嘉年華會」由第一章始, 第五章終, 主人公的話語在這期間是齷齪的, 目的是諧擬了精神分裂病人的言語; 但自第六章始, 謝明敏的話語復轉爲嚴肅, 還引用法國哲學家柏格森(Henri Bergson, 1859-1941)的話。這是因爲「嘉年華會」的終結, 撥

---

[16] 賴守正, 頁58。
[17] 此書是在研究俄國作家陀思妥耶夫斯基(Fyodor Dostoevsky, 1821-1881) 小說的基礎上寫成的。

亂反正，不再胡言亂語。在嘉年華會裏，人們盡情狂歡，任意宣洩情感，語言於是以不穩定的型態表現出來。

解構主義的德里達(Jacques Derrida, 1930-)曾提出「差延」(différance)的概念，以打破了二元對立的思想模式，認為邏各斯中心主義是一種幻想，任何符號都不能絕對存在。他用「差延」表示符號的分裂性，當中包含了兩個概念：「差異」是空間的概念，而「推延」表現了時間的拖延[18]。在〈如何測量水溝的寬度〉中，作者就運用了瓦解的語言反映真相。經過陳述中介，如：言不及意、記憶錯誤，甚至有意歪曲等現象，語言與真相之間產生差異，揭示語言文字的建構性。

故事叫做「如何測量水溝」，單是這題目，已可見文字是有建構性的。作者刻意使語言和真相間產生差異。作品一開始便討論「測量水溝的寬度」，又說水溝不是有趣的話題，這給人感覺這篇小說是以測量水溝為主題，讀者在此時其實已被捲入作者的圈套，以為整篇小說是以如何測量水溝為主題，其實不然。故事的發展並沒有說如何測量水溝，反而是天馬行空，就像在嘉年華會中所宣洩的話語一般，時而講述有關都市化令城市規劃的變化，如混凝土製品鋪成路面、水溝埋在地下等，時而回憶他過往的經歷，一有機會又表露自己創作的潛意識，使讀者在閱讀此文時無時無刻地想著「測量水溝」這個「能指」（signifier）的符號，是有其他的「所指」（signified）的。

---

[18] 毛崇杰、張德興、馬馳：《二十世紀西方美學主流》（長春：吉林教育出版社，1993），頁864。

根據索緒爾 (Ferdinand de Saussure, 1857-1913) 的符號學原理，「能指」是一種中介物，而其內質永遠是質料性的，如聲音、物品和形象；「所指」則不是「一樁事物」，而是該「事物」的心理表象。[19]「所指」是以不穩定的形態出現。讀者閱讀此文會對「測量水溝」有不同的解釋，它可能是創作的潛意識，可能是靈魂的表象（因為文首作者曾提及「如何測量靈魂的寬度」），也可能是指失去的童年時代，或者是創作活動的比喻。故事的發展一直沒有向讀者提及有關「測量水溝」的事，使讀者不斷作出各種各樣的解釋，證明了德里達「異延」（différance）的概念：「能指」是會無限地推遲「存在」的。

作者是「用虛構轉向指涉現實的幻境」[20]。後設小說是拒斥寫實傳統的，表明「虛構才是真實」[21]。及至作品的最後部分，作者才交代真相，「如何測量水溝」是虛假的，謝明敏的「水溝幫」無從量度水溝，他們「四個人趴在混凝土做的溝沿」[22]，只能俯視水中的倒影，而水面彷彿是面鏡子。鏡子其實用以比喻虛構的世界，鏡中反映的充其量只是幻影。連作者所加插的水溝圖，也只是有意交代這只是一個「象」而已。讀

---

[19] 羅蘭・巴爾特(Roland Barthes)：〈符號學原理〉("Elements of Semiology")，《寫作的零度：結構主義文學理論文選》(*Writing Degree Zero*, 李幼蒸譯，台北：時報文化, 1991)，頁92-93, 96。

[20] 鄭明娳：〈通俗文學與純文學〉，《流行天下》(林燿德[1962-1995]、孟樊[陳俊榮, 1959-]主編，台北：時報文化, 1992)，頁48。

[21] 渥厄, 帕特莎 (Patricia Waugh, 1956-)：《後設小說：自我意識小說的理論與實踐》(*Metafiction: The Theory and Practice of Self-Conscious Fiction*, 錢競等譯，台北：駱駝出版社, 1995)，頁120。

[22] 黃凡，頁18。

者最後了解全文只是一場虛構的眞實。這正揭示作者欲透露的
訊息：「小說不等如人生」[23]。「測量水溝」只不過是創作活
動的比喻而已。

2.「複調」的運用

此外，巴赫金曾經指出「複調小說的歷史淵源是狂歡化的
文化傳統」[24]。在嘉年華會裏，場面一定很熱鬧，就如作品中
的「多聲部」現象一樣，衆聲喧嘩，有著衆多各自獨立而不相
融的聲音和意識，是由具有充分價值的不同聲音所組成[25]，可
用音樂學中的術語「複調」(polyphony)來說明。

〈如何測量水溝的寬度〉利用了「括弧按語」(parenthetical
expression)「出沒在小說文本中的另一種聲音」[26]，以摒斥和踰
越「完整架構」的寫作方式。藉著兩種聲音的並列(juxtaposition)，
中斷小說的「敘述」，使作品的聲音形成「複調」。在作品中，
作者運用「括弧按語」的地方有很多：

如果有讀者問，爲什麼選擇彩色筆而不是蠟
筆或鉛筆？我的答案是，那家文具行只賣彩色筆，

---

[23] 張惠娟，頁203。

[24] 朱立元編：《當代西方文學理論》（上海：華東師範大學出版社，
1997），頁265。

[25] 巴赫金 (Mikhail Mikhailovich Bakhtin)：《陀思妥耶夫斯基詩學
問題》(*Problems of Dostoevsky's Poetics*, 白春仁、顧亞鈴譯, 北
京：三聯書店, 1988），頁29。

[26] 施淑：〈反叛的受害者〉，《黃凡集》（台北：前衛出版社, 1992），
頁11。

　　或者我到文具行裏, 我的眼睛只看到了彩色筆, 價格是十八元。[27]

　　　也可能是狗糞, 時隔多年, 憑回憶很難確定究竟是那種氣味。[28]

　　　譬如說, 一篇短篇小說一個月刊完, 而且一星期只刊一天。[29]

　　「括弧」裏的聲音是屬於作者自己的, 而作者藉著這種方法, 與敘述者的聲音並列, 形成「複調」, 就像教堂裏那些互相對立、難以溝通的靈魂共存於一個場所[30]。這種狂歡化的寫法使讀者對文本產生陌生化, 以減慢讀者閱讀的速度。

　3. 「互文性」

　　文學的「嘉年華」容許多種文體於同一文學作品並存, 這裡可借重「互文性」(intertextuality)概念加以發揮。「互文性」是由克莉絲蒂娃 (Julia Kristeva, 1941-) 在1966年從巴赫金的「對話性」和「複調」的觀念中推演出來的。「互文性」觀念強調沒有一個文學文本是初始的, 任何文本都是其他文本之吸收和轉化[31]。在〈如何測量水溝的寬度〉裏, 便引入了不同類型的文體及不同文本的內容。

---

[27] 黃凡, 頁11。
[28] 黃凡, 頁11。
[29] 黃凡, 頁17。
[30] 朱立元, 頁262。
[31] 吳曉都:〈互涉文本〉,《世界文論》第6期, 1995年6月, 頁235。

關於這一方面,作者在第二章提出到敘述者在童年時曾閱讀了一篇許地山 (許贊堃, 1893-1941)的文章〈落花生〉,還道出「作人要學花生」[32]一段說話。還有,作者複述運動鞋廠商「彩虹」的廣告內容。另外,又引某推理小說家的話,說:「故事在眞正發生之前,已經在暗中進行好一段時間了」[33]。又加插了敘述者對自己所作的《八爪外星人》科幻小說的評語。抄錄其他文本最多的是第六章,全章只有法國哲學家柏格森的一番說話。

除此之外,這篇作品也包容多種文類。在第二章裏,作者忽而採用了傳記體裁,敘述謝明敏在一九四九年出生,又兼及七一年至八一年的際遇。而在第四章中,作者還加添了自己手繪的插圖。

四. 作品的敘述模式「踰越」寫實傳統

巴代耶的「踰越觀」包括顛覆一切書寫的成規,以及對主流霸權論述的脫序。在邏各斯中心論影響下,現實主義堅信有一種精確語言「以窮盡事物的眞相」[34],「後設小說」就是顛覆寫實傳統,從〈如何測量水溝的寬度〉的敘述態度可管窺一二。

---

[32] 黃凡,頁5。原載許地山:〈落花生〉,《許地山選集》(香港:新藝出版社,1958),頁90-91。

[33] 黃凡,頁8。

[34] 朱雙一:〈台灣社會運作形式的省思〉,《黃凡集》(台北:前衛出版社,1992),頁283。

1.「自我意識」的敘述者

渥厄(Patricia Waugh)指出後設小說的最大特徵, 是創作小說時亦談論小說的創作[35], 可見作者是一個「自我意識」的敘述者, 敘述者意識到自己的存在, 並說明自己在講故事[36]。

(一) 強調寫作的「不定原則」

後設小說對於寫作行為極為敏感, 經常強調寫作的「不定原則」(uncertainty principle) [37]、「未完特質」, 以及寫作上的困頓。在〈如何測量水溝的寬度〉中, 作者提到：

> 如果你在某一天的早報上讀到這篇文章, 在文章還沒有結束之前, 及時與我取得聯繫, 你便有可能在我的作品中真正插了一腳。[38]

此則暗示了故事內容或角色上均有轉變的可能, 暴露了作家寫作的「不定原則」及「未完特質」, 顛覆了寫實的傳統。

(二) 談論作品的內容

談論、質疑作品的角色和情節, 也是敘述者自我指涉的特徵。作者在此文中介紹「水溝幫」成員陳進德的時候, 便利用「括弧按語」加插編者對此角色的批評：

---

[35] 渥厄, 頁7。
[36] 胡亞敏：《敘事學》(武昌：華中師範大學出版社, 1994), 頁45。
[37] 張惠娟, 頁207。
[38] 黃凡, 頁17。

陳進德無疑是個麻煩人物，不管在現實生活或是小說中。[39]

文中對陳小姐及馬小姐的未來發展作了「預序」，但由於敘述者意識到這兩位小姐與他的幻設衝突，所以他急於讓這兩位小姐立刻離開舞台。作者是刻意「踰越」文學成規，明陳「文學」和「批評」並非兩種截然不同的活動。

2. 敘述接受者的角色

敘述接受者是作者虛構出來作為敘事文中的交流對象。在《如何測量水溝的寬度》的作者對於敘述接受者的角色相當重視。

（一）讀者常被邀請介入作品之中

作者於寫作時自覺地突顯敘述接受者的角色，「力邀讀者介入作品之中，和作者一起玩文字遊戲」[40]。敘述者對讀者的反應十分重視。當作者畫完那幅水溝圖之後，想到讀者會用尺量度圖中水溝的寬度，再按比例相乘，故預先提示讀者千萬不可這樣做。此外，又邀請讀者走進故事中，與作者對話：

當你閱讀這篇小說時，你也「涉入」了這個故事，只是你跟兩位小姐涉入的方式有著明顯的不同。[41]

---

[39] 黃凡，頁10。
[40] 張惠娟，頁210。
[41] 黃凡，頁17。

　　讀者諸君如果對他發生興趣, 可以寫信到這個
地址——台北市忠孝東路四段五五五號聯合副刊。
（我預備把這篇文章投給這家報紙。）[42]

黃凡進一步挑戰讀者的閱讀行為, 愚弄讀者, 因此在文中
提出三個閱讀的建議：

　　　1. 你可以立刻放棄閱讀, 再想辦法把前面讀
的完全忘掉。
　　　2. 你一定急著想知道作者如何測量水溝的寬
度, 那麼我現在告訴你, 我們當時帶了一把弓箭,
把繩子綁在箭尾, 射到緊靠溝旁的樹幹上, 把箭拉
回後, 再量繩子的長度, 答案就出來了。
　　　3. 假如你對上述兩種建議都不滿意, 那麼我
再給你一個建議, 暫時不要去想如何測量水溝的寬
度, 請耐心地繼續閱讀。[43]

　　這種挑戰讀者的行為, 目的是有意打破讀者舊有以寫實
為原則的閱讀習慣。敘述接受者的信號, 在文中所見, 則有「讀
者諸君」等。此外, 亦有「直接用第二人稱指稱敘述接受者」
[44]的例子。如：「當你閱讀這篇小說時, 你也『涉入』了這個

---

[42] 黃凡, 頁8-9。
[43] 黃凡, 頁13。
[44] 胡亞敏, 頁56。

故事」[45],這種直接對話式的口吻顯示了作者與讀者的親密關係。

（二）「讀者」不等同於「真實讀者」

雖然敘述者直接與讀者對話,但這個「讀者」不同於「真實讀者」,敘述接受者只是敘事文內的參與者,是虛構的。作者在文中提及的「讀者」,是他假定存在作為交流的對象,真實的讀者其實是沒有反抗力的,沒有辦法參與文本的創作的,而且很容易會不加質疑地接受敘述者所傳達的信息。

（三）「理想讀者」的解構

黃凡有意與文學成規脫序,強調創作是虛幻,因此如幻想與現實生活有矛盾,便會抽離於故事外。作者對人物的安排擁有絕對的權力,在小說中,陳進德與環保局的兩位小姐代表現實中頑強的抵抗,拒絕依從謝明敏的幻想。

陳進德是現實生活中的人,故謝明敏向他提及以前量度水溝一事,陳進德全無印象,還反問到臭水溝邊做什麼。他認為水溝是臭的,明顯與謝明敏的想法不一致,陳進德正是現實生活中的人。陳進德也忘記了「臭水溝幫」的成立,還說不記得他們組了「那樣怪名字的幫派」[46],表露了他與謝明敏的幻想有所背離。陳進德的現實主義與謝明敏的幻設有了衝突,所以在故事開始時原本有五人去測量水溝,到最後,陳進德被攆走,只剩下四人。

---

[45] 黃凡,頁17。
[46] 黃凡,頁10。

　　環保局的馬小姐和陳小姐也認爲謝明敏是怪人。陳小姐曾說每天都會接到些怪電話, 不過謝明敏的電話比其他的電話更怪。這兩位小姐只是以爲謝明敏開玩笑, 與謝明敏的幻設成了衝突。

　　這種突顯虛幻的手法暗示了作者對讀者有一定的期望, 認爲讀者應有基本的「文學能力」(literary competence)。卡勒(Jonathan Culler, 1944)在《結構主義詩學》(*Structuralist Poetics*, 1975)中曾說如果作品的讀者沒有具備文學知識, 從未接觸文學, 不熟悉虛構文學該如何閱讀, 那麼要他讀一首詩, 他們一定會不知所云[47]。這篇作品就需要「理想讀者」去解構。「理想讀者」不同於一般「敘述接受者」, 他們能在特定的文體發現無限文本並加以闡釋。

　3. 「非時序」與「頻率」的寫法

　　在〈如何測量水溝的寬度〉裏, 作者運用了閃前和閃回的手法, 使小說在時空之間跳躍。作者運用了交錯的敘事手法, 混合地使用閃回閃前。敘述時間並不是直線性發展, 而是交織著過去、現在和未來。試看此篇作品的時序:

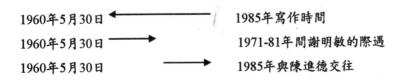

1960年5月30日　◄─────────　1985年寫作時間

1960年5月30日　─────────►　1971-81年間謝明敏的際遇

1960年5月30日　─────────►　1985年與陳進德交往

---

[47]　卡勒(Jonathan Culler):《結構主義詩學》(*Structuralist Poetics*, 盛寧譯, 北京:中國社會科學院, 1991), 頁174。

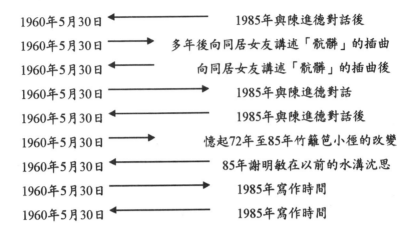

　　以上這種跳躍性時序即是「無序性」,似乎缺乏時間的線性發展,如是建立精確的時間順序是不可能的[48],這樣便是對寫實傳統的「踰越」。作品的時序似乎由謝明敏的意識流動所取代。謝明敏往往在一段較短的時間內閃現出各種意象,心理時間代替了現實時間,敘述呈共時性,這種非線性時序模糊了現實與虛構間的界線。

　　此外,作者先後多次把時間推返至1960年5月30日測量水溝的日子。這種寫法,是熱奈特(Gérard Genette, 1930-)關心的「頻率」(frequency)和「重複」(repetitive)的問題[49]。作者著意多次描寫這日子,目的是誤導讀者,使讀者進入其圈套,以為

---

[48] 米克. 巴爾著:《敘述學:敘事理論導論》(*Introduction to the Theory: Narrative*, 譚君強譯, 北京:中國社會科學出版社, 1995), 頁47。

[49] 熱奈特 (Gérard Genette, 1930-):《敘事話語·新敘事話語》(*Narrative Discourse, Narrative Discourse Revisited*, 王文融譯, 北京:中國社會科學出版社, 1990), 頁73-74。

作者眞的有測量水溝之意。然而每一次寫到1960年發生之事,
都沒有提及測量水溝之事, 直到小說要完結時才向讀者交
代。這種穿梭過去、現在與未來的寫作手法, 除挑戰讀者的閱
讀習慣外, 還引領讀者墮入陷阱, 非讀下去不可。

六. 結論

福波 (Stanley Fopel) 認爲後設小說藉小說探究小說理論,
探究文學架構的層面——語言、情節與角色的成規, 作家與作
品和讀者的關係[50]。〈如何測量水溝的寬度〉這篇後設小說, 的
確能夠成功地探究以上各層面, 而且在創作主題上敢於突破,
在寫作手法上, 無論在「排泄書寫」、「嘉年華會」的「踰越」
理論、語言符號的發揮, 甚或在敘述模式方面, 都可見作者對
於後現代技法的掌握和寫作之匠心。

~~~~~~~~~~

主要參考文獻

BA

巴爾（Bal, Mieke）：《敘述學：敘事理論導論》(*Introduction
to the Theory: Narrative*, 譚君強譯, 北京：中國社會科學
出版社, 1995。

---

[50] Stanley Fopel, "And All the Little Typtopus: Notes on Language
Theory in the Contemporary Experimental Novel." *Modern Fiction
Studies* 20.3 (1974): p328; 張惠娟, 頁205。

巴赫金 (Bakhtin, Mikhail Mikhailovich, 1895-1975):《陀思妥耶夫斯基詩學問題》(*Problems of Dostoevsky's Poetics*), 白春仁、顧亞鈴譯, 北京:三聯書店, 1988。

HUANG

黃凡:〈如何測量水溝的寬度〉, 瘂弦編:《如何測量水溝的寬度》, 台北:聯合文學, 1987, 頁3-19。

HUO

霍蘭德:《文學反應動力學》(*The Dynamics of Literary Response*), 潘國慶譯, 上海:上海人民出版社, 1991。

KA

卡勒(Culler, Jonathan):《結構主義詩學》(*Structuralist Poetics*), 盛寧譯, 北京:中國社會科學院, 1991。

LAI

賴守正:〈禁忌與踰越——巴代耶的情色觀〉, 載何春蕤編:《性/別研究的新視野——第一屆四性研討會論文集》(下), 台北:元尊文化, 1997, 頁39-56。

MAO

毛崇杰、張德興、馬馳:《二十世紀西方美學主流》, 長春:吉林教育出版社, 1993。

RE

熱奈特 (Genette, Gérard):《敘事話語·新敘事話語》(*Narrative Discourse, Narrative Discourse Revisited*), 王文融譯, 北京:中國社會科學出版社, 1990, 頁73-74。

SHI

施淑：〈反叛的受害者〉, 《黃凡集》, 施淑編, 台北：前衛
出版社, 1992, 頁9-12。

WO

渥厄, 帕特莎 (Waugh, Patricia)：《後設小說：自我意識小說
的理論與實踐》（*Metafiction: The Theory and Practice of
Self-Conscious Fiction*）, 錢競等譯, 台北：駱駝出版社,
1995。

ZHANG

張惠娟：〈台灣後設小說試論〉, 《當代台灣評論大系》, 鄭
明娳編, 台北：正中書局, 1993, 卷3, 頁201-227。

ZHENG

鄭明娳：〈通俗文學與純文學〉, 《流行天下》, 林燿德、孟
樊主編, 台北：時報文化, 1992, 頁15-55。

ZHU

朱立元編：《當代西方文學理論》, 上海：華東師範大學出版
社, 1997。

朱雙一：〈台灣社會運作形式的省思〉, 《黃凡集》, 台北：
前衛出版社, 1992, 頁267-284。

WU

吳曉都：〈互涉文本〉, 《世界文論》第6期, 1995年6月, 頁235。

Fopel, Stanley, "And All the Little Typtopus: Notes on Language
Theory in the Contemporary Experimental Novel." *Modern
Fiction Studies*. 20.3 (1974), pp.328-336.

Richardson, Michael. *Georges Bataille*. New York: Routledge,
1994.

Suleiman, Susan Rubin. "Pornography, Trangression, and The Avantgarde: Bataille's *Story of the Eyes.*" in *The Poetics of Gender.* Ed. Nancy K Miller, New York: Columbia UP, 1986, pp.117-136.

評語: 黎活仁

1. 今年三年級「台灣文學」學期論文獲冠、亞、季軍的同學, 也在「現代文學」學期論文比賽進入三甲, 名次順序一樣, 余詠雯同學得到兩個亞軍;

2.. 敘事學在台灣目前仍未流行, 我想這篇論文的第四節對台灣同行而言可能比較新鮮, 其中部分論述, 固得力於張惠娟教授的啓示, 但有些地方是余同學的整合發揮, 例如引進熱奈特以1,2,3,4的方排序方式, 重組並不順序的情節, 有效地展示刻意干擾順序閱讀的匠心, ;

3. 把巴代耶「排泄書寫」、霍蘭德「肛門型」性格論述以及巴赫金「嘉年華會」的笑文化理論作一有機整合, 研閱窮照, 分析文學寫作中的排污行爲, 工程龐大, 不想也可揮灑自如;

4. 引德里達的「延異」概念, 解釋作者如何刻意以「言不盡意」, 拖慢小說向前發展的速度, 把讀者捲入圈套, 當然這一富時代精神的詮釋也可言之成理;

5. 以「互文性」的概念找出小說曾作了多次剪貼湊拼, 這也是十分有意義的, 似可依這一方向進一步分析。(完)

獲獎感言： 余詠雯

　　小說篇名的確是有點吸引,「測量水溝寬度」多麼愚不可及！然而由開始至終結, 始終找不到相關的情節, 還以爲另有「所指」。再閱一遍, 仍是一樣, 中了作者的圈套。這次掉進陷阱, 證明自己還有一份童眞。對於「後現代」的展望, 卻有著無限的迷惘！那些從没聽聞的哲人名字、永遠讀不完的新書、不輕易讓人駕馭的理論, 又何來「主體性」！

　　過去所修習的只側重小說的内容, 從没有想過以「後現代」的概念解構文本可以是那麼瑰麗宏觀的。知道理論對文本分析十分重要的同時, 也覺察原來自己的局限。

　　寫作這篇文章時, 一切都從零開始。開始寫作之前, 不免讀了一些相關理論, 初套用時有些戰戰兢兢, 還是布魯姆的「誤讀」解我困厄, 原來迹近胡言亂語、胡思亂想, 也不失爲「後現代」的舉措,「本是詩」的「少女情懷」正具備這種思維能力, 不禁欣喜莫名, 所謂「影響的焦慮」遂消弭於無形。

　　最後, 這篇論文能夠得以順利完成, 實有賴黎活仁博士和鄧擎宇先生的指導。在此謹對他們兩位致以萬分的謝意。（全文完）

[責任編輯: 白雲開、鄭振偉]

《台灣文學教學叢刊》第1輯, 1998年12月

蔡源煌〈錯誤〉的分析

黃鵬

論文提要: 蔡源煌〈錯誤〉是一篇後設小說, 在文本中作者有意讓讀者目睹「虛構」過程的運作以解構小說, 並質疑傳統的文學觀對語言達意的盲信。本文擬就德里達、敘述學等後現代諸概念作一分析。

作者簡介: 黃鵬, 女, 1976年生, 香港大學中文系3年級(1997-1998)學生。

關鍵詞: 蔡源煌 〈錯誤〉 後設小說 德里達 邏各斯中心主義 不確定性 諧擬 黃春明 布魯姆 母胎化 博議

獎項: 本文獲香港大學中文系1997-1998年度3年級「台灣文學」課程學期論文季軍

一. 故事概述

　　〈錯誤〉[1]講述一位小說作家創作一篇名爲〈錯誤〉的小說的過程。 作家在小說中描述一對只有一面之緣卻有肉體關

---

[1]　蔡源煌:〈錯誤〉, 瘂弦編:《如何測量水溝的寬度》（台北: 聯合文學, 1984年2版), 頁147-170。

係的男女——張玉綢和台中仔之間的「錯緣」。爲了要令小說更接近「現實」，作家原已經設想好二人該如何遭遇和分手。然而，就像玉綢和台中仔的命運牽扯、操縱在作者手中一般，作家亦受制於讀者的期望和小說創作的成規，於是「我原來訂的結局，也放棄了。」[2]

二. 語言的不穩定性

敘述者在小說創作的過程中，顯示了語言的「不定原則」。德里達（Jacques Derrida, 1930 - ）指出：一直以來，西方文化著意以言語來壓制文字，如柏拉圖（Plato, 427-347 B.C.）稱文字只是小孩子的發明，不能和成人的智慧相提並論；又如亞里士多德（Aristotle, 384-322 B.C.）在〈解釋篇〉("de interpretatione")聲稱聲音是最接近「所指」（思想或事件）的媒介，而文字則只是聲音的派生物。[3]

西方哲學向以二元對立分析世界：精神與肉體、美與惡、男人與女人。兩個對項的前一項在邏輯、價值等方面統治著另一項。按照他們的觀點，言語是首要的；寫作是次要的。

這種以言語來直接溝通思想而貶抑書寫文字的傳統，德里達稱爲「邏各斯中心主義」。

---

[2] 蔡源煌:〈錯誤〉，頁162。
[3] 參朱立元編:《當代西方文藝理論》（上海: 華東師範大學出版社，1997），頁301。

1. 德里達對邏各斯中心主義的顛覆

德里達透過創造「異延」（différance）這一新詞來顛覆「邏各斯中心主義」。法語中「差異」（différence）和異延（différance）二詞讀音完全相同，其間第七字母a和e的差別，只能見於文字，而無法在言語中表現出來。至此，以言語爲主、以文字爲副的傳統，自然不攻而破了。[4]

用語言表達意義，意義總處於空間上的「異」和時間上的「延」之中，無法確證。以一個「能指」（signifier）來表達某一意義，理論上會指向一個「所指」（signified），但每一個「所指」同時又是一個「能指」，「所指」不斷逃逸，就像查字典時，一個「能指」的「所指」又成爲「能指」，不斷地循環，因此言不能盡意。

2. 語言的未説

德里達的觀點，顯然是受到海德格（Martin Heidegger, 1889-1976）的影響，海德格在〈語言〉（"Poetry, Language, Thought"）一文中，以佐治·德（Georg Trakl, 1887-1914）的一首詩〈冬日黃昏〉("A Winter Evening")爲例，說明語言不能盡意的特質。他認爲語言是靠「說」（saying）來顯示的，但是，語言並非只有「說」這一面。它同時還有另一面叫「未說」。[5]

---

[4] 朱立元，頁301。

[5] 參考蔡源煌：〈當代文學理論的主要課題〉，《當代文學論集》（台北：書林出版有限公司，1996），頁230-231。

〈錯誤〉一文中, 玉綢和台中仔各自搜尋適當的字眼向對方示愛, 然而, 他們的思想並未能藉著言語來溝通。

在台中仔的表白中,「說」的部分有: 1). 他為玉綢唸鄭愁予 (1933 -) 的〈錯誤〉, 並告訴她這是一首情詩; 2). 他問玉綢「為什麼不把頭髮結在腦後打成髮髻。」[6]

未說的是他一路唸〈錯誤〉, 心中想著的卻是情婦, 他「心裏幻想著她是一個可能的情婦人選」。[7]而看著玉綢披肩的長髮, 台中仔認為要是她把髮梢髻在頭上, 露出白皙的脖子和圓滑晶瑩的肩膊時, 必定美艷得像電影明星一般。

台中仔心中視玉綢為傾情的對象, 然而卻不能用言語表達思想, 玉綢只知道台中仔「什麼話都說得那麼優雅。」[8]

玉綢告訴台中仔「三個月來, 你是第一個對我好的男人」,「說」的部分表達出她感激台中仔友善地對待她, 穿進「未說」的部分, 玉綢想表達台中仔是一個有風度, 有涵養的人, 是一個可以終生依靠的對象, 可惜二人的思想亦能接通, 他們的感情亦難以繼續發展。

在玉綢和台中仔示愛的過程中, 語言的不穩定表露無遺。由於所指不斷逃逸, 他們沒法以言語互傳愛念, 最後只有利用書寫來達意。文字向來被認為比語言低級, 但是, 要傳情達意, 利用文字, 反而更有效率。高級的語言令人產生誤會,

---

[6] 蔡源煌:〈錯誤〉, 頁153。
[7] 蔡源煌:〈錯誤〉, 頁153。
[8] 蔡源煌:〈錯誤〉, 頁147。

低級的書寫反而能夠成就姻緣，這結果正和德里達寫作優先於言語的悖論不謀而合。

三. 陌生化

　　渥厄（Patricia Waugh, 1956-　）在《後設小說》（*Meta-fiction*）一書首先以「陌生化」（defamiliarize）的理論，以說明諧擬(parody)的技巧，是為了避免令讀者產生慣性的效果，讓理解和把握事物的過程不再輕而易舉。什克洛夫斯基（Victor Shklovsky, 1893-1984）進一步推演這概念，指出陌生化的目的，是「有意志去打破成規」。[9]

1. 諧擬的引用

　　諧擬的含義，即模仿(imitation)加反諷，指的是對原作品嘲諷式的模仿。

　　在現代主義時期，文學藝術的發展已趨於頂峰。每一文類（甚至是同一文類）中的創作均各自有著典型性的代表人物及模式，如福克納(William Faulkner, 1897-1962)，勞倫斯(David Herbert Lawrence, 1885-1930)，艾略特(Thomas Stearns Eliot, 1888-1965)，海德格……這些人成為了後繼者的典型。這些典

---

[9]　渥厄・帕特莎（Patricia Waugh）：《後設小說: 自我意識小說的理論與實踐》(*Meta-fiction*，錢競，劉雁濱譯，台北: 駱駝出版社，1995年)，頁74。

型的創作模式, 爲後來的後現代主義提供了可被諧擬的原始範本。[10]

巴斯(John Barth, 1930-)在〈力竭文學〉("The Literature of Exhaustion")一文中指出, 在現代主義以後, 寫作原創性的文學殊非易事, 巴斯甚至說「也許, 也沒這個必要」;[11]既然創作的形式已經竭盡, 諧擬成爲另一出路。

〈錯誤〉無疑是一篇諧擬黃春明〈看海的日子〉的作品。玉綢和〈看海的日子〉中的女主人公白梅, 像中國古典小說中的妓女因家貧而被迫出賣肉體。[12]爲了擺脫從前的污穢和不光彩, 玉綢和白梅均選擇回到故地, 重新開始。

布魯姆(Harold Bloom, 1930-)在《影響的焦慮》(*Anxiety of Poetry*)一書認爲, 後起詩人對經典文本和前代作家有著俄狄蒲斯式的憎恨, 他們會用一種敵對的態度對原有文本進行誤讀(mis-reading)。

玉綢一再強調自己是爲了替母親籌集醫藥費, 無奈地出賣肉體。然而, 從她「我再也沒有處女的羞怯了, 你知道爲甚

---

[10] Fredric Jameson: "Postmodernism and Consumer Society", *Postmodern Culture*, (ed. Hal Fal Foster, London: Pluto P, 1985), p.113.

[11] 巴斯(John Barth): 〈力竭文學〉, 陳淑蕙譯, 《中外文學》, 13卷2期, 1984年7月, 頁78-85。

[12] 中國古典小說中, 女性因家貧而被迫爲娼妓, 復遇上心儀的男性, 顯出眞情的故事幾乎成爲了典型, 如名妓李娃的故事便是一例。可參考白行簡(約776-826): 〈李娃傳〉, 載汪辟疆(1887-1966)編: 《唐人小說》(香港: 中華書局, 1958), 頁100-107。

麼嗎？」[13]的自白中，可推想她與男性的肉體關係，並不純粹爲了滿足金錢的需要。另外，敘述者認爲玉綢是「時代的新女性」，有著重生的能力，無須像白梅一樣，藉著母性的尊嚴來替代不愉快的過去，台中仔千里尋玉綢的情節安排，也肯定了玉綢的價值。

1. 小説結構的陌生化

什克洛夫斯基的陌生化理論，表現在結構方面，是打破了故事發展的自然順序，將情節重新編排，成爲一種陌生的順序。[14]

〈錯誤〉的目標文類是小說，然而〈錯誤〉卻由各種方式打破傳統小說「開端」、「中腰」、「結尾」的完整性結構。

(一) 敘述聲音的變換

「錯誤」共分爲六個部分，第一部分的敘述者是小說中的女主角張玉綢，她以書信的形式向台中仔表露心聲。第二部分，由台中仔以第一人稱敘事，交待了自己的經歷，透露了自己的思想及自己與張玉綢的關係。

至此，作者成功地誘導讀者進入玉綢和台中仔的愛情關係之中。當讀者開始對小說的情節發展有所期待時，作家不願再保持緘默，他以日記的方式，暴露了自己正在以張玉綢和台中仔錯緣爲中心創作小說，由始至終敘述者只有作者一人。

---

[13] 蔡源煌，頁149。

[14] 參考埃里克・S・雷比肯(Eric S. Rabkin, 1946-)：〈空間形式與情節〉("Spatial Form and Plot")，《現代小說的空間形式》(約瑟夫・弗蘭[Joseph Frank, 1918-]等著，林芳編譯，北京：北京大學出版社，1991)，頁108。

作者在第四節中以第三人稱,全知的角度描述台中仔的行動和心路歷程,同時加插第一人稱「我」(作者)的聲音,顯示作者有意介入他所建構的故事之中,透過敘事的混淆,突顯他對故事「存亡」的重要性,以彌補他受制於讀者的期望的無奈感。

一個部分的開始,迫使讀者重新思量敘述者是何許人。並重新適應另一個不同的視角,不但造成了閱讀速度的障礙,也造成陌生化效果。

(二)重複

敘述者在〈錯誤〉中,不斷地提示讀者,作品是以文字堆砌而成的虛構故事。在文中:

> 我的歉疚刺痛著我的良知。[15]
> 昨晚寫到「我的歉疚刺痛著我的良知」。[16]
> 昨晚寫到最後一句是: 我的歉疚刺痛著我的良知。[17]

敘述者在文本中三次提及「我的歉疚刺痛著我的良知」,實際上,但引至寫作這句話的行為只發生了一次。這裏牽涉到熱奈特(Gérard Genette, 1930-)所關心的「頻率」(frequency)

---

[15] 蔡源煌:〈錯誤〉,頁155。
[16] 蔡源煌: 〈錯誤〉,頁155。
[17] 蔡源煌: 〈錯誤〉,頁156。

和「重複」（repetitive）的問題[18]，當一件事件僅僅發生了一次而被多次敘述時，我們稱爲重複[19]，文本中的重複部分顯示出敘述者對自己的行爲的極端自覺。

這句話的重複就像是導遊手上拿著的旗幟，帶領讀者進入敘述者建構的情節之中，同時提醒讀者要和敘述者一樣，應時常意識到文本的虛構性。

（三）顛覆性的結尾

敘述者在第五部的開端聲言：「親愛的讀者，這篇小說到此已經結束了。」[20]然而其後敘述者卻又滔滔不絕地爲自己選擇的小說結局提出理據，敘述者刻意塑造「違背本身」（difference from itself）的精神，如同對強調「安定」、「一統」的傳統主流文學價值體系的批評。[21]在小說的中腰部分出現故事的結尾，破壞了故事發展的順序，造成了陌生化的效果。敘述者在文本的最後部分，鄭重向讀者宣布：

> 其實，玉綢那封信是眞的，而她也眞的「走了」，其餘的細節我就不知道了。

---

[18] 熱奈特(Gérard Genette, 1930-), 《敘事話語・新敘事話語》（*Narrative Discourse, Narrative Discourse Revisited*）（王文融譯, 北京: 中國社會科學出版社社, 1990）, 頁73-74。

[19] 米克・巴爾（Mieke Bal, 1946- ）：《敘述學: 敘事理論導論》（*Introduction to the Theory: Narrative*, 譚君強譯, 北京: 中國社會科學出版社, 1995）, 頁88。

[20] 蔡源煌, 頁160。

[21] 張惠娟, 頁213。

　　敘述者又再一次向讀者灌輸創作即虛幻的信息, 不論對已訂好的結局還是對小說創作的成規, 也是徹底的顛覆。

四.「母胎化」的表現:《圍城》與〈錯誤〉

　　從原始部落到今日的美國社會都有性別分化的思想和措施。男孩必須在某階段離開母親學習獨立, 柏拉圖的《理想國》(*The Republic*) 談論如何培養國家的守護階級 (the guardians) 時指出, 在男孩守護的教育過程中, 應該絕對禁止他們在戲劇中扮演女人的角色。[22]

　　東方女性抱著「養兒防老」的心態, 時常鼓勵兒子圍繞在自己身旁, 與美國只有母親的單親家庭中, 母親顧慮家中缺乏男人會對兒子的成長不利的態度大相逕庭。缺乏角色模範可說是人的成長中最致命的紕漏。作為母親的女人由於自身性別的局限, 不可能教導男孩如何當男子漢。中國文化正出現了這種紕漏, 原因除了為人母者施展母性的「陰謀」外, 尚有更深層的原因: 集體主義和權威主義下要求個體的順從, 於是把全民男性也同時弱化了, 我們可從文學作品中看到中母胎化陰影在中國男性身上的投影。[23]

---

[22] Plato: *The Republic* (trans. Desmond Lee, New York: Penguin Books, 1987), p.154.

[23] 孫隆基:〈《圍城》所展現的普遍精神第四階段: 風流倜儻的人物〉,《未斷奶的民族》(台北: 巨流圖書公司, 1995), 頁109-111。

　　錢鍾書（1910-　）的《圍城》, 故事背景是三十年代, 發表於一九四七年。《圍城》從年少英俊、風流倜儻的主人公方鴻漸留學歸國年代開始, 描寫他一直走下坡的人生。方鴻漸是一個唐璜型的人物, 女朋友一個接著一個, 然而, 他的眾多男女關係都是被捲入的(embroiled)。

　　方鴻漸在歸國的郵船上, 先與一位澳門華僑鮑小姐發生肉體關係, 待她下船以後, 又隨即與同船回國的女博士蘇小姐開始另一段關係。回到上海後, 方鴻漸為蘇小姐的表妹唐小姐而傾心, 卻不能擺脫蘇小姐的糾纏, 最終二者兼失。方鴻漸到了內地就職後, 糊里糊塗的與女同事孫小姐成了婚。

　　孫隆基謂錢鍾書站在男性的角度, 「描寫女性佈下陷阱, 男性在其面前之無力感」, [24]其言甚是。錢鍾書筆下的方鴻漸缺乏意志, 優柔寡斷, 無力克服環境與主宰人生。在人生的前半部分, 他的愛情生活從未間斷, 但事實上, 他每一次均被對方所利用。鮑小姐因旅途無聊, 故視方鴻漸為消遣的對象; 蘇小姐視方鴻漸為可能的結婚對象, 故一步步緊盯著他; 孫小姐利用同事間對方鴻漸與她的閒言閒語佈局, 令方鴻漸與她成婚。方鴻漸因缺乏意志不能貫徹追求心中所愛, 以致未能與心儀的唐小姐發展感情, 他對事業的態度也與愛情一般, 缺乏進取的意向。 凡此種種, 均反映出他的個體未能充分確立。

　　〈錯誤〉的男主人公(台中仔)同樣是優柔寡斷, 缺乏意志, 對人生缺乏理性規劃。他的願望是成為小說作家, 然而, 由於

---

[24] 孫隆基, 頁137。

單憑稿費不能維生, 而他花了三個多月仍未能找到工作, 只好向現實妥協, 在補習班教國文。在社會中打滾了一段時間後, 台中仔已差不多完全放棄了當作家的理想。可是, 台中仔在遇到意中人(玉綢)後, 不惜長途跋涉前往興勝尋找愛情, 難道不是進取的表現?

以台中仔對玉綢的描述, 可見他完全迷倒於玉綢的石榴裙下, 在他的觀察中:「她全身唯一化粧過的部分是眉毛」。[25]玉綢為自己塑造了一個溫婉, 純淨的形象, 與台中仔發生關係後, 再滿懷歉咎地向他坦承不潔的過去, 目的是以自己的「不幸」博取台中仔的同情, 不讓自己淪為他記憶中留待時間沖淡的名字。至此, 玉綢的計劃已成功了泰半, 待其「拉夫烈達」由老闆娘手中移交到台中仔手上後, 台中仔便完全墮入玉綢佈設的陷阱。玉綢在信中的自白、過去遭遇的複述, 以及向台中仔吐露的愛的宣言, 令他自責、歉疚, 同時引誘著他回味她的風韻。玉綢和《圍城》中方鴻漸的幾位女朋友並無異樣: 佈置著陷阱, 等待著軟弱的男性墮進羅網。

台中仔四出訪尋愛人的舉動, 可說在玉綢釣夫婿計劃的意料之內, 台中仔無力抵抗「女人的擁吻」、「慾望」, 亦擺脫不了「女人(玉綢)憂鬱而認命的臉孔」[26], 這種不能理性地規劃人生的表現, 同樣反映出他的個體未能充分確立。

---

[25] 蔡源煌: 〈錯誤〉, 頁154。
[26] 蔡源煌: 〈錯誤〉, 頁160。

五.書信的作用

　　在西方文學中, 女性與書信寫作有極密切的關係。在十六世紀, 當私人信函被視爲一種文學形式時, 男性評論家便注意到書信體似乎特別適合女性。由於這種自然的女性書信風格與婦德相衝突, 故被出版的女性書信作品, 常是不具名的。而更常見的是, 這些被出版的女性書信作品是由男作家「模倣」女聲而成。到了十八世紀男作家在小說中模倣女聲已非常普遍。當時有名的書信體小說家, 如法國的拉克洛思(Choderlos de Laclos, 1741-1803)、盧梭(Jean Jacques Rousseau, 1712-1778), 及英國的李查生(Samuel Richardson, 1689-1761)等都是其中的佼佼者。

　　男作家模倣女聲的例子最早可推至奧維德(Ovid, 43 B.C.-17 or 18 A.D.)的詩作《女英雄們》(*The Heroides*, 20 A.D.)。《女英雄們》中蒐集的信函泰半是由歷史上或神話裡面赫赫有名的女子所寫的情書。他們的戀慕對象有的是夫婿, 有的是情郎, 而且都遠在他方。他們與這些女子的「點水之情」卻深印於女子的回憶之中, 這些女子藉著信函向他們的愛人悲懷往事、傾訴衷情。[27]

　　艾特曼(Janet Gurkin Altman, 1945-)稱奧維德所成就的是「閨中文學」(sedentary literature), 因爲在這種由閨中女子寫給遠行愛人的情書裏, 「女人的寫作祇成就了男人旅程裡的一個

---

[27] 參劉開鈴:〈女性書信特質:《女英雄們》與《米花拉書簡》〉,《中外文學》22卷11期, 1994年4月, 頁57。

里程碑」[28]，而這些書信記載了「女人對男人忽冷忽熱的態度的單方反應」。[29]

　　情書在西方書信體小說中自成文類(love letter as a genre)，它的許多形式特質(formal characteristics)也可在〈錯誤〉中發現: 追憶往日情懷、討論書寫信件的行為(the act of writing)、哀嘆語言的限制、言不盡意等。

　　在西方文學史上，女性書寫與情書文類的關係極為密切。在家等待並書寫的女性，跟在外旅行、探索世界的男性形成一個對比。[30]如在《女英雄們》中，男人奔波在外，女人則獨守空幃，痴心等待。台中仔心目中理想的女性，是像詩作〈情婦〉所言: 能耐寂寞和善於等待的。玉綢的回鄉，暗示著她正等待著台中仔，成就了女人痴心等待，男人在外奔波的模式。

　　玉綢的信和《女英雄們》中費德拉(Phaedra)給他的繼子海波利(Hippolytus)的書信功能相同。在玉綢的信中，我們可看到幾件事:

　　信是「誘姦」(seduce)的武器。在一般的誘姦小說，總是由男方以信為武器去「克服他與他的女仕之間的障礙」，[31]進而贏得他的心上人，在這兒，玉綢僭越了這種成例，目的是讓台中仔墮入自己張開的愛慾網中。

---

[28] Janet Gurkin Altman, : *Epistolarity: Approaches to a Form.* (Columbia : Ohio State UP, 1982), p.173.

[29] Altman, p.16.

[30] 參胡錦媛: 〈書寫自我: 《譚郎的書信》中的書信形式〉，22卷11期，1994年4月，頁73。

[31] Altman, p.16.

　　信件不但傳情, 更要引起回應。艾特曼說:「書信敘事與日記敘事的區別在於交換的慾望……就是書信契約——要求某個特定的讀者對自己所寄發的信息有所回應」。[32]寫信就是參與溝通行為, 而每個溝通行為都預先設定有個收信人存在。根據定義, 信件本就有為某個讀者所閱讀的意圖。這種意圖古今俱同。上至古人的〈紅葉題詩〉:「葉上題詩寄予誰」,[33]下至〈錯誤〉中的玉綢, 均在鼓勵有緣人儘快採取行動。

　　玉綢希望台中仔見信如見人, 細想信後所隱含的深情。

　　前文提及玉綢先以清純的形象接近台中仔, 復讓他成為自己愛慾的俘虜, 再以情信令他跌入她所佈置的陷阱中。短短一封信, 何以能有如斯大的威力? 浪漫愛情的意識形態一向成功地藏隱於書信體小說中, 羅曼史與感傷癖(sentimentality)遮蓋了權力的運作。故佈煙幕正是情書扮演的功能, 因此, 史披娃克(Gayatri Chakravorty Spivak, 1942-)便提出要以兩性政治的角度看待情書寫作: 人們視情書寫作為毫無殺傷力的微小事物, 誰知情書傳統一直是維繫兩性關係的意識形態最有力的工具, 而這種兩性關係的意識形態密切影響著政治與經濟的每一個領域。[34]

---

[32] Altman, p.89.

[33] 中國古代女性每喜以紅葉題詩吐露心事, 如(唐)范攄（約9世紀）《雲溪友議》中記唐明皇時長年置身深宮的宮女, 以紅葉題詩以抒懷, 並任其隨水飄流, 以待有緣人偶拾。參考范攄:《雲溪友議》（北京: 文物出版社, 1982）, 第1冊, 雲下, 頁14-15。

[34] 參胡錦媛, 頁76。

六. 博議的拼貼與混合

博議 (bricolage)是指在一件藝術上的創作品中, 組合著從其他地方引用的片斷。bricolage在法文中是個貶語, 指對多出來的工作再加修補。在結構主義人類學家李維斯陀(Claude Lévi-Strauss, 1908-)《野蠻人的思維》(*The Savage Mind*)一書的頭一章中, 博議被用作爲一種對於神秘思想的隱喻。在後現代的創作 (尤其是詩) 中, 博議被視爲組成「離心」的主題及其產品的一種典範。[35]

博議在後現代詩中指出異質材料的組合排列, 其具體手法是經由「引用」(citation) ——從其他文字用語中摘取部分文字, 然後再予以拼貼和湊合(collage and montage)。[36]英詩中所謂「被發現的詩」(found poem), 往往運用了博議的手法, 使用現成文章的素材 (如報紙標題、雜誌專欄文字⋯⋯)。

藉著孤立、並置或交叉的方式, 利用這些組合成詩的部分文字, 造成隱晦的反諷效果。林燿德(1962-1996)在《1990》詩集中的「鉅著」〈二二八〉一詩, 堪稱「被發現詩」的代表作。全詩均從一九四七年二月廿八日《新生報》各版內容拼貼而成, 全無己出之辭。被引用者包括《新生報》二二八當天各版的標題及內文: 廣告版 (影片上映廣告) 、政治新聞版、財經新聞

---

[35]Michael Newman: "Revising Modernism, Representing Postmodernism: Critical Discourses of the Visual Arts", *Postmodernism*, (ICA Documents 4, ed. Lisa Appignanesi , London: Institute of Contemporary Arts, 1986) , pp. 45-46.

[36] 參考孟樊(陳俊榮, 1959-):〈台灣後現代詩的理論與實際〉, 載孟樊編:《新詩批評》(台北: 正中書局, 1993), 頁264。

版、社會版、遺失啓事欄、求職欄、醫藥廣告欄……除了0的
部分引用了有關「二二八事件」的報導消息外, 其餘1到20均
與「二二八」政治事件無關。詩人客觀地引用和拼貼事實, 卻
對人稱「二二八」一詞強烈的反諷, 並質疑了「眞實」的本身:
二二八當天發生了多少新聞事件?[37]

　　〈錯誤〉中充斥著不同的文類, 有信札: 玉綢的拉夫烈
達;有日記: 作家日記;有商業廣告式的述語。

　　　　「一個月三千元, 水電包括在, 廚廁共用。」[38]

　　有鄭愁予的詩: 〈錯誤〉及〈情婦〉;有小說: 黃春明
(1939-)的〈看海的日子〉[39];甚至有兒歌:

　　　　「火車快回, 火車快回, 經過高山, 穿過隧道
　　一天要跑幾百里, 快到家裏, 快到家裏!」[40]

　　〈錯誤〉的目標文類是小說, 但經過拼貼, 組合各種不同
的文類, 其中除了玉綢的信外, 均與小說的情節毫無關係。在
文本中加插不同的文類, 架空了情節的發展, 令作品喪失了中

---

[37] 孟樊, 頁265-266。
[38] 蔡源煌: 〈錯誤〉, 頁147。
[39] 黃春明: 〈看海的日子〉, 《文學季刊》第5期, 1967年10月, 頁222-254。
[40] 蔡源煌: 〈錯誤〉, 頁157-158。

心的意義。同時顛覆了小說創作的成規，亦打斷了讀者閱讀的順序。

七. 結論

〈錯誤〉建構於一個俗套的愛情故事上，刻意「促成小說敘事結構的自體銷解，並玩笑似的嘲諷已為成規的文學認識」[41]，以強調作品的虛構性，並打破讀者受制於寫實的傳統的閱讀習慣。這篇小說需要「理想讀者」去解構。「理想讀者」具有完全的「文學能力」（literary competence），「能在某一特定文體裏發現無限文本並進行闡釋。卡勒（Jonathan Caller, 1944- ）《結構主義詩學》（*Structuralist Poetics*, 1975）曾對「文學能力」一詞加以說明：假若讀者不具備文學知識，「從未接觸過文學，不熟悉虛構文字該如何閱讀的各種程式，叫他讀一首詩，他一定會不知所云」[42]。劉鴻章謂蔡源煌「用小說來代替他的論文。」[43]，說得非常中肯。嚴格來說，〈錯誤〉只是作家寫作小說手稿時的日誌。然而，蔡源煌志不在寫成一篇結構完整的小說，而是希望透過文本，讓讀者目睹「虛構」過程的運作以解體小說。並質疑傳統的文學觀對語言能達意的迷思。相信有「文學能力」的讀者，必定能夠在文本中發現更多的文本並進行闡釋。

---

[41] 鄭加言：〈鑑賞《錯誤》〉，《如何測量水溝的寬度》，頁168。
[42] 卡勒：《結構主義詩學》（北京：中國社會科學出版社，1991年），頁174。
[43] 劉鴻章：〈一篇代替論文的小說〉，《如何測量水溝的寬度》，頁166。

~~~~~~~~~~~~~~~

主要參考文獻

AI

埃里克‧S‧雷比肯(Rabkin, Eric S.):〈空間形式與情節〉
("Spatial Form and Plot"), 約瑟夫‧弗蘭(Joseph Frank)
等著, 收入《現代小說的空間形式》, 林芳編譯:, 北京:
北京大學出版社, 1991。

BA

巴爾, 米克（Bal, Mieke）著:《敘述學: 敘事理論導論》
（*Introduction to the Theory: Narrative*）, 譚君強譯, 北京:
中國社會科學出版社, 1995。

巴斯(Barth, John):〈力竭文學〉（"The Literature of
Exhaustion"）, 陳淑蕙譯,《中外文學》13卷2期, 1984年
7月, 頁78-85。

BAI

白行簡:〈李娃傳〉, 載汪辟疆編:《唐人小說》, 香港: 中華
書局, 1958, 頁101-107。

CAI

蔡源煌:〈錯誤〉,《如何測量水溝的寬度》, 瘂弦編: 台北, 聯
合文學, 1984年2版, 頁147-170。

──:《當代文學論集》, 台北: 書林出版有限公司, 1996。

FAN

范攄: 《雲溪友議》, 北京: 文物出版社, 1982。

　　HU

胡錦媛〈書寫自我: 《譚郎的書信》中的書信形式〉, 《中外文學》22卷11期, 1994年4月, 頁71-96。

　　HUANG

黃春明: 〈看海的日子〉, 《文學季刊》第5期, 1967年10月10日, 頁222-254。

　　KA

卡勒(Culler, Jonathan): 《結構主義詩學》(*Structuralist Poetics*), 盛寧譯, 北京: 中國社會科學院, 1991。

　　LIU

劉開鈴: 〈女性書信特質: 《女英雄們》與《米花拉書簡》〉, 《中外文學》22卷11期, 1994年4月, 頁57-70。

　　MENG

孟樊: 《新詩批評》, 台北: 正中書局, 1993。

　　RE

熱奈特(Genette, Gérard): 《敘事話語‧新敘事話語》(*Narrative Discourse, Narrative Discourse Revisited*), 王文融譯, 北京: 中國社會科學出版社社, 1990。

　　SUN

孫隆基《未斷奶的民族》, 台北: 巨流圖書公司, 1995。

　　WO

渥厄, 帕特莎（Waugh, Patricia）: 《後設小說: 自我意識小說的理論與實踐》（*Meta-fiction*）, 錢競、劉雁濱譯, 台北: 駱駝出版社, 1995。

ZHU

朱立元編: 《當代西方文藝理論》, 上海: 華東師範大學出版社, 1997。

Altman, Janet Gurkin. *Epistolarity: Approaches to a Form.* Columbus : Ohio State UP, 1982.

Jameson, Fredric, "Postmodernism and Consumer Society." in *Postmodern Culture*. Ed. Hal Fal Foster, London: Pluto P, 1985.

Newman, Michael, "Revising Modernism, Representing Postmodernism: Critical Discourses of the Visual Arts." in *Postmodernism, ICA Documents 4*. Ed. Lisa Appignanesi, London: Institute of Contemporary Arts, 1986.

Plato, *The Republic*. Trans. Desmond Lee New York: Penguin Books, 1987.

~~~~~~~~~~

評語: 黎活仁

1. 今年的學期論文比賽, 最大贏家是〈錯誤〉的作者, 冠軍和季軍兩篇作品都可謂力作, 企圖破解其中的符號密碼; 但是, 後現代文學批評的精神不在捨己為人, 文本分析者擁有至上權威, 可以任意操控、踐踏、宰割, 觀乎兩位獎項得

主的感言, 都表示在解構的暴力過程得到極大滿足, 反而覺得作者有點可憐;

2. 小說之可以不必速朽, 是因為有了「化腐朽為神奇」的魔術師, 作者如果偶爾得到「過度詮釋」者的品題, 亦足以附驥尾而並馳:「朽木之不可雕」是祖母故事,「詮釋再加以過度詮釋」, 亦收「枯木逢春」之效; 這是後現代諸論述的貢獻; 至於讀這篇文本分析, 認為〈錯誤〉具可塑性, 則理念與解構者同;

3. 敘事之不可靠, 常因道德問題形成, 第一, 女主人公為了給母親籌措醫療費用, 不惜出賣貞操, 雖不得已, 亦屬違法亂紀行為; 第二, 至於漸懂人事, 忽然把孔孟等聖賢教誨拋諸腦後, 對原欲有所追求, 女性主義者認為合理, 他者反是; 第三, 其不可愿恕者, 是進一步竟設下陷阱, 誘惑「唐璜」, 結尾是「開放性」的, 依蜘蛛精的故事,「唐璜」不免有被吃掉之虞; 如是既虛且實, 以道德為不道德, 或以不道德為道德, 解構者如墜五里霧, 謂有奇景, 作者勝回一仗;

4. 「順序閱讀」應該是先文本, 後「過度詮釋」, 上小組導修之時, 同學多認為文本〈錯誤〉艱澀難懂, 頗以為苦,「過度詮釋」是甜品, 然後用過紅豆湯和糕點之後, 雖珍饈亦味同嚼蠟; 不過, 教文學史的老師, 大都是透過前人論述宣科, 將來的學子, 無疑也會自課堂接過〈錯誤〉的甜品;

5. 在文字遊戲結束之前, 還得感謝「過度詮釋」者對教學的積極回應, 她除了在這一科得到第三名之外, 在三年級現代

文學課程再遇到同樣的兩位對手, 又屈居季軍；這次發表之時作了修訂, 不知看官認爲當如何重排座次？

~~~~~~~~~~

獲獎感言: 黃鸝

玩具店的櫥窗內展示著一幅拼圖: 圖中可見一位長髮女子的背影, 她手挽著衣箱, 纖纖身影逐漸融入早春的煙霧中, 脖子上淡紫色的絲巾隨風飄動。

構圖如此陳套的產品, 店主爲何會將之置於櫥窗的最當眼處？它憑什麼能讓人駐足, 憑什麼令人願意掏腰包購買？正是爲了這份好奇, 我便跌進了遊戲設計者的圈套之中。

我費了好幾個晚上, 試圖依照拼圖盒面的範本, 將片片散亂的拼圖重組, 然而, 儘管已費刹思量, 總不成功。好不容易才成功綴合部分拼圖, 看到的竟是拼砌拼圖的指示, 新發行玩具的圖樣, 那長髮女子的身影完全未見, 至此, 我不禁感到被欺騙。細看拼圖上的指示, 發現原來它早已一再強調: 「本產品並無預設範本, 亦不能綴合成完整畫面。」

以上的情形和我初讀蔡源煌的〈錯誤〉時遇到的窘境並無異樣。張玉綢和台中仔的愛情錯配套用了愛情小說常用的模式, 當我一次又一次地重讀, 並嘗試依故事發展的順序重新整理〈錯誤〉的情節時, 已不自覺的墮入了文本的窠臼中。

在我從不曾受過文學理論感召的眼中, 〈錯誤〉實在是一篇無從分析的作品。我向來 (或曰大部分讀者) 慣於順序閱讀, 分析作品時, 每以其意旨是否深邃、寫作技巧是否嫻熟, 是否

能做到不著斧鑿痕來定高下。我一直以為,這些標準是放諸四海而皆準的。然而,這些慣用的(權威的)評論模式,卻完全無助於解構眼前的文本。

我和大多數同學一樣對文學理論心存「敬畏」。既敬之,自然遠之。如今不得不認真地鑽研,實在不知該從何入手。要成為一個有「文學能力」的「理想讀者」,談何容易?但尚未攻城便認定內有大量伏兵,因而不戰而降,不是太可惜了嗎?

黎活仁博士的講義,為我接觸和認識文學理論開闢了一條蹊徑,其百科全書式的論文,更是啓發我靈感的泉源。黎博士廣博的視野、敏銳的思維、嚴謹的治學態度和積極的人生觀,均給我帶來正面的影響。承蒙黎博士的教導和鼓勵,我才能嘗到在有限文本中發現無限意蘊的樂趣,謹此致以萬分的謝意。(全文完)

[責任編輯: 鄭振偉、鄧擎宇]

《台灣文學教學叢刊》第1輯, 1998年12月

夏行〈奔赴落日而顯現狼〉：從女性主義作一分析

歐陽潔美

論文提要：夏行〈奔赴落日而顯現狼〉是一篇女性主義小說,本文擬就女性主義文學理論、拉康、克莉絲蒂娃等學者提出的概念作一分析,並對小說中意象的運用作一闡釋。

作者簡介：歐陽潔美, 女, 1976年生, 香港大學中文系3年級（1997-1998）學生。

關鍵詞：夏行〈奔赴落日而顯現狼〉女性主義　德里達　拉康　福柯　女性書寫　話語　意象陽具崇拜

獎項：本文獲香港大學中文系1997-1998年度3年級「台灣文學」課程學期論文「優異獎」

一. 故事梗概

　　夏行（李永萍, 1964- ）〈奔赴落日而顯現狼〉「寫一個想要超越女人的局限, 卻不斷輸給自己的天性的女人」[1]的故事。她在樹林中奔赴和男主角「鍾」約定獵狼之處。敘述者以時空的交錯, 一路上逐步顯現她的個性, 交代她的過去。她

---

[1] 黃碧端(1945-)：〈一個個別的女性悲劇〉,《如何測量水溝的寬度》（瘂弦編, 台北：聯合文學, 1987）, 頁53。

原是一名畫廊經理，擁有世俗的成就，卻忽爾厭倦生活，決意離開從商的男友和久住的都市，跟一名畫家「鍾」到海濱居住。她計劃寫一部有關海和死亡的小說，鍾準備到海濱作岩石寫生。她的小說終於沒有寫成，二人在冬天過後遷居山谷。她一直強調二人平等的互惠關係，試圖粉碎性別的差異和自身的女性弱點，然而這種自我追求、自我肯定的過程失敗了。相處下來，她竟然漸漸希望感動鍾，甚至希望和他成家養子。夢想的幻滅、自身命定的弱點使她產生怨憤，幾番徘徊掙扎，她終在日落前趕到與鍾約定的地點，舉槍殺死他，完成她「悲劇的堅持」[2]。

二. 內容

　　〈奔赴落日而顯現狼〉的主題具有社會意義，小說表面是某位女性的個別故事，實質象徵了所有女性在以男性為中心的社會中掙扎的過程。小說中出現過的男人－秦和鍾都有名字，而女主角卻沒有姓名，這個刻意的安排令角色有了普遍性，代表著女性群體中任何一位成員。

1. 主題的社會意義

　　作者寫一女子不滿自己的女性身份令她在父權社會中處處受到剝削，只能以第二性別的身份居於次席。她不斷強調男女平等的互惠關係，試圖突破先天的局限，要與男性在體力上、智能上、心理狀態上表現一致，平起平坐。她的結局和所有努力尋求自己的社會定位的女性一樣：逃得開客觀的局限，

---

[2] 夏行：〈奔赴落日而顯現狼〉，《如何測量水溝的寬度》，頁37。

躲不過自己主觀的心理弱點。再者社會與文化的薰陶亦在她自己的心理上造成了不可扭轉的傳統觀念。即使她與鍾已隱居山谷, 脫離社會男權至上的氛圍, 她亦不能擺脫早已植根於她心裏的男女傳統角色。儘管她努力用言語、行動證明自己和男性站於同一位置之上, 然而在鍾的眼中, 她依然只是個「複雜的小女人」[3], 甚至連她自己也漸漸產生了建立幸福家庭的願望, 她的追求終究失敗了。

2. 形式與架構

　　這篇以死亡結束的小說是悲劇性的。正如女主角所言:「整個事件除了成就我的悲劇之外, 似乎沒有旁的意義。」[4] 為了表現這個深刻主題, 作者在敘述手法上有獨特的設計。她把時間壓縮至短短一個下午之內, 利用多次閃回拼湊出女主角的心理圖象, 逐步解釋她在結尾槍殺鍾的原因。其次, 為了營造詭異的氣氛、增加寓言色彩和拓展小說主題, 作者運用了多個意象, 呈現女性主義的鬥爭與傳統現實之間千絲萬縷的關係, 這樣不但擴大了讀者的想像空間, 更容易引起他們對主題的深思。

　　〈奔赴落日而顯現狼〉是一篇富寓言色彩的象徵小說。全文十六個發生於不同時空的小節錯綜交扣, 逆時序的閃回與各個鮮明的意象反覆出現, 營造出詭異淒美的氣氛。

---

[3] 夏行, 頁36。
[4] 夏行, 頁50。

三.女性主義

〈奔赴落日而顯現狼〉是一篇女性主義小說。女性主義（亦稱「女權主義」）首先起源於改變婦女現存生活狀況、爭取政治權利的願望和理想。

1. 女性主義的宗旨與方向

以下準備從女性主義的產生、文化上的對立和女性主義的三個階段來作一說明。

（一）女性主義的產生

女性主義號召婦女自己解決自己的問題。除了致力消除社會上各種歧視婦女的制度之外, 女性主義亦同時從事文化批判的活動, 如伊蘭・修華特（Elaine Showalter, 1941- ）在〈荒野中的女性主義批評〉（"Feminist Criticism in the Wilderness"）[5]一文中提出要建立一種「女性中心的批評」（woman-centered criticism）, 稱之爲「女性批評」（gynocritics）[6]。這些批判活動試圖通過分析婦女的從屬地位形成的原因, 提高婦女對自身和現實狀況的認識, 並把她們從精神壓迫中解放出來。

（二）文化上的對立

女性主義者認爲, 婦女在自己是什麼或該做什麼的問題上, 一直被文化支配, 只要扭轉社會的態度, 角色及身份就會立

---

[5] 伊蘭・修華特(Elaine Showalter):〈荒野中的女性主義批評〉（"Feminist Criticism in the Wilderness"）, 張小虹譯, 《中外文學》14卷10期, 1986年3月, 頁77-114。

[6] 克莉絲・維登（Chris Weedon）: 《女性主義實踐與後結構主義理論》(*Feminist Practice & Poststructuralist Theory*, 白曉紅譯, 台北:桂冠圖書公司, 1994）, 頁185。

即變化。因此, 女性主義小說一直有著文學以外的社會作用。〈奔赴落日而顯現狼〉正是一篇以女性主義爲中心的小說。女性主義者具有懷疑的精神, 凡是她們認爲有利於男性的常識與成見, 或代表男性價值的事物, 在女性主義者眼中都是可疑的。她們認爲因爲現存的性別體系把女性貶抑到從屬的地位, 使她一直不能充份發揮自身潛能, 所以女權運動必須以性別路線爲基本的出發點。女性主義者把全體女性假定爲統一受支配的群體, 並將其與男性的群體對立起來。這種對立並非意味著女性主義者把每一個具體的男性視爲敵人, 而是一種文化上的對立。

（三）女性主義的三個階段

按照法國女性論者克莉絲蒂娃（Julia Kristeva, 1941-　）的看法, 托里‧莫依（Toril Moi, 1953-　）把女性主義的鬥爭分爲下列三個階段：(1).女性要求同等進入象徵體系。自由女性主義。平等; (2).女性反對以差別爲名之男性象徵性體系。極端女性主義。女性被讚揚; (3).女性反對男性及女性之二分法爲形而上學（此乃克莉絲蒂娃之立場）。[7]

以〈奔赴落日而顯現狼〉中的女主角爲例, 明顯地她只到達上述的第一階段, 她「所持的不過是一個自主性的互惠原則」[8], 並且不斷強調她和鍾「是平等的」[9]。而她對於關係中

---

[7] 托里。莫依:《性別／文本政治：女性主義文學理論》（*Sexual /Textual Politics : Feminist Literary Theory*, 陳潔詩譯, 台北：駱駝出版社, 1995）, 頁12。

[8] 夏行, 頁38。

[9] 夏行, 頁39。

「自主權」[10]的重視, 就是她追求自由的證明。她始終不能進入第二階段, 不能突出女性的獨特性和重要性, 以失敗告終。

　　2. 女性的身份

　　隨著女性的文化水平日高, 以及政治和經濟地位的改善, 婦女在多方面都已取得男女平等的待遇。但女性主義者失望地發現, 種種表明男女平等的表象掩蓋和粉飾了事實的眞相。因此, 女性主義者的首要工作便揭示眞相。

　　（一）女性的社會角色

　　建構「女性主義文學」就成了她們戰鬥的重要一步。她們指出, 女性雖能就業, 但大都從事低等工作；婦女雖與男子享有同等的公民權利, 但社會上的大權仍操控於男性手中；婦女在家庭中的地位提高了, 但照顧孩子和做家務的責任仍在她們身上。這些都說明婦女在社會上和家庭中至今仍處於從屬的地位。正如〈奔赴落日而顯現狼〉中, 女主角刻意追求和鍾之間的平等關係, 可是鍾仍然視「向來屬於女人的」[11]家務爲她的職責, 並看穿她「天性上……喜歡那些工作」[12]。

　　（二）父權的定義

　　女性主義者認爲所有的婦女大體上仍受男性群體支配, 今日的世界本質上都是父權制的。按照美國著名的女性主義詩人里奇(Adrienne Cecile Rich, 1929-)的解釋：

---

[10] 夏行, 頁39。
[11] 夏行, 頁43。
[12] 夏行, 頁48。

　　父權就是父親的權力, 父權指一種家庭一社會
的、意識形態的和政治的體系, 在此體系中, 男人通
過強力和直接的壓迫, 或通過儀式、傳統、法律、
語言、習俗、禮儀、教育和勞動分工來決定婦女應
起什麼作用, 同時把女性處置於男性的統轄之
下……或幽居深閨, 或駕駛載重汽車, 或在北非的
農舍裏侍丈夫喝早餐咖啡, 我們處處都處於父權制
的控制之下; 不管我的身份、處境、經濟地位或性
偏向, 我都生活在父權之下, 只有在我爲得到男性的
許可而付出代價時, 我才能在父權制的許可下享有
權, 發揮影響。[13]

(三) 父權的建立一拉康的象徵符號理論

　　在拉康 (Jacques Lacan, 1901-1981) 的理論中, 想像與象
徵體系是兩個相當重要的概念。他指出人類在初生時期與母
親的關係密切, 並會認爲自己和母親是同一體, 與世界亦無分
別。此時期就是想像 (imaginary) 的階段, 亦即前戀母時期,
又稱前俄狄浦斯時期 (Pre-Oedipus)。在想像之中並不存在
任何差異或缺少, 只有認同和存在。其後戀母情結的危機出現,
父親分開了母親與孩子的結合, 並阻止孩子再接觸母親的身
體。孩子在以陽具代表的父親的法律 (或閹割的恐嚇) 之下,

---

[13] 里奇(Adrienne Rich) : *Of Women Born* (《生來是女人》, New
York: W. W. Norton & Company, 1986), p. 57.

失去了母親，從此對母親的慾望亦被壓抑，開啟了潛意識，進入象徵組織。[14]

這種壓抑的作用在小孩運用新學的語言時特別明顯。小孩學習說「我是」，識別「你是」和「他是」時，等於承認了在象徵體系中接受被編排的位置，放棄想像的身份。只有壓抑對母親的慾望，發言的主體才會存在，因此語言是進入父權社會的一條通道。進入了象徵組織，就即是接受陽具為父親法律的代表。這是一個父權社會，所有人類文化及所有生命都由象徵組織控制，亦即受陽具控制，是一種「缺乏」的組織。[15]

〈奔赴落日而顯現狼〉的女主角身處於父權社會中，對自己的身份十分疑惑。她保留了想像階段的感覺，不願看見自己跟世界和別人之間的差異，亦無法接受象徵組織的控制。「她俯身觀看那些微小沙粒回歸母體的過程，它們細膩地與泥土結合彼此不留一點隔離過的痕跡」[16]，顯示她有停留在想像階段的傾向，這種人會變成精神病患者，而在小說結尾她亦喪失了理智，走上殺人之路。

3. 女性主義的錯誤方向

〈奔赴落日而顯現狼〉的寫作目的是指出女性主義者的錯誤方向。

（一）對抗的對象

女性主義者其中一個顯著的邏輯錯誤是視全部男性為一個有組織的對抗團體。女性主義者著重女性的團結，認為只有

---

[14] 莫依，頁90。
[15] 莫依，頁91。
[16] 夏行，頁44。

組織起來, 才能對抗客觀社會上父權文化帶來的壓迫。於是她們又假定男性都是一個已經團結起來的抗爭團體, 她們的工作就是要與這個男性組織抗衡, 但事實上, 這個組織並沒有組成過。因此, 面對虛構的對手, 女性主義者的抗爭基本上是不成立的。[17]

　　女主角就是犯了這樣一個毛病。她從小就開始追求自我肯定, 企圖超越女性的先天局限。她在「十七歲時在升旗台上搖旗吶喊率全校同學抗議釣魚台事件」[18], 發覺了自身性別的低微, 明白到「身為女人她註定要以悲劇收場」[19]。她感受到男性群體對她造成的壓迫, 問:「作為一個女人, 我難道就必須承受這一切?」[20]於是選擇以自己和自己的法則「同這個世界進行最艱難的搏鬥」[21], 對抗男性群體, 最後她問鍾:「你的法則在哪裏?」[22]這裏顯示她終於發現男性並沒有建立起一個對抗的團體, 她的搏鬥是徒然的。

　　不過個別的男性亦不是女性主義者的挑戰對象。部份女性主義者辨不出個別男性與整個父權社會的分別, 並以攻擊某

---

[17] 羅瑟琳‧科渥德 (Rosalind Coward):〈婦女小說是女性主義小說嗎?〉("Are Women's Novels Feminist Novels?"), 王之華譯, 收入《當代女性主義文學批評》(張京媛編, 北京:北京大學出版社, 1992), 頁69-85。

[18] 夏行, 頁40。

[19] 夏行, 頁40。

[20] 夏行, 頁40。

[21] 夏行, 頁49。

[22] 夏行, 頁49。

個或某些男性為目標，這個邏輯錯誤會導致方向的完全偏差，結果運動的成效不大。

女主角發現男性對她構成的壓力後感到相當疑惑，並漸漸開始把鍾看成自己的敵人。對於鍾的笑容，她總是認為有「挑釁的意味」[23]，在她的眼中，鍾的所有動作幾乎都是負面的，如：「逗弄著她」[24]、「唇邊現出神秘的笑容」[25]、「同她戲謔著玩笑」[26]、「那種自以為看穿她的詭詐笑容」[27]等等。到了最後，由於她達不到自己的理想，便把責任推到鍾的身上，對他「由衷地憎恨」[28]，並舉槍殺掉他。她從害怕象徵男性社會氛圍的黑夜，到最後決定舉槍獵狼，殺死了鍾，是一個把戰鬥對象錯誤轉移的過程。女主角的錯誤令她精神崩潰，作出衝動的決定。

（二）另類兩性化

根據托里‧莫依在《性別／文本政治》（*Sexual /Textual Politics : Feminist Literary Theory*）的分析，克莉絲蒂娃否定「女性特質」的理論，她只有關於邊緣、傾覆及差異之理論。[29]她認為「差異的問題只是在進入象徵系統才出現的」。對於女孩子而言，「子宮」是前戀母情結期的（即前俄狄蒲斯時

---

[23] 夏行, 頁35。
[24] 夏行, 頁36。
[25] 夏行, 頁39。
[26] 夏行, 頁46。
[27] 夏行, 頁47。
[28] 夏行, 頁47。
[29] 莫依, 頁156。

期），與母親關連；象徵性則由父親的法律控制。女孩必須要作出選擇，不是認同母親，就是要把自己提升至父親的象徵性地位。如選擇前者，前戀母情意結期的階段（口腔及肛門的性慾）會增強。[30]若選擇後者，則會進入象徵系統，去除對母親身體的依賴。前戀母期的性質把父權社會視爲「邊緣」。男孩子亦同樣要面對這個抉擇。不過，這並不表示「女性特質」是前戀母期的結果，相反前戀母期的母親有的是同時包容男性及女性特質的形像，此形態的男女嬰都一樣巨大無比。[31]男性和女性的在這時期中並不存在。所謂女性特質或男性特質只是父權社會的象徵系統所下的定義，把女性特質定爲邊緣亦不能表現女性的眞實。

　　埃萊娜・西佐斯（Héléne Cixous, 1937- ）亦認爲「男性化」與「女性化」的字眼會把我們困於二元性邏輯中。[32]她指出所有人類都遺傳了兩性（bisexual）的本質，並攻擊古老的兩性化，認爲那是因男性對女性的恐懼而設計出來的。她創作了「另類兩性化」（other bisexuality），這種另類兩性化包含了對差別的非排斥性，當中兩性不消除性別特質差別，而是互相煽動和增加的。[33]

　　從以上兩名著名女性主義學者的理論可見男女之別並不是二元的相反結構，相反，二者本出一源。小說女主角和許多女性主義者一樣，過份鞭策自己，強行把自己變成與男性一樣，

---

[30] 莫依，頁157。
[31] 莫依，頁158。
[32] 莫依，頁100。
[33] 莫依，頁100。

表現出對性別差異和本質的誤解。女主角心裏害怕狼，卻因爲
不要求鍾相伴而獨自抬著笨重的槍上山，文中不只多次提及槍
的重量及女主角步履的跟蹌。顯然她一心要證明自己有和男
性一樣的能力和體質，並且一樣「獨立自主」[34]。同時她在性
方面亦採取了與男性平等、相同的態度，她以爲只要建立「互
惠關係」[35]，二人就會平等和相同，到她發現這種平等不能實
踐，便認爲自己「淪入不過爲高級妓女的地位」[36]。這種絕望
的感覺完全源於她對男女性質的錯誤詮釋。

4. 性與女性主義

　　女性從屬地位的構成因素與性有密切的關係。由於性關
係的不平等，女性的價值被大大貶低，權力亦遭削弱。

（一）性與權力

　　男女的權力關係，按照福柯（Michel Foucault, 1926-
1984）的理論，可以體現於對性欲的關注。他認爲性慾中心論
代表著幾個世紀以來，西方文化中某些處理性慾方式的延續。
[37]他指出在若干世紀以來性慾從未被如此「壓抑」過，卻始終
是多種話語（discourse）的對象。過去這些話語常指對部分
性活動的壓制和否定，如維多利亞時代的醫學和教育話語。然
而，話語也還是將性慾作爲自己的對象。福柯指出在天主教的
國家，教堂懺悔已被科學和社會話語代替。在這些話語中，性

---

[34] 夏行，頁47。

[35] 夏行，頁39。

[36] 夏行，頁48。

[37] 福柯 (Michel Foucault)：《性意識史》(*The History of Sexuality*, 尚
衡譯： 台北:久大桂冠, 1990), 卷 1，頁3-12.

慾再成了被質疑、談論與壓制的對象, 成為揭示人的「真實」和「重要性」的因素。他在這種對性慾的關注中看出權力作用－主體的地位可從控制、區分和征服而增加快樂、關注的話語中被發現。對於婦女而言, 性慾話語已有重大的轉變, 女性性慾已不再等同討厭的行為了, 追求性的快樂亦不一定要以母親身份獲得, 這是女性主義者的重要勝利。

〈奔赴落日而顯現狼〉第六節中有性的描寫。作為一篇女性小說, 如此露骨的性描寫可以說是對男性的權力一項重大的顛覆。作者沒有諱言女主角的性慾, 有著傳統「自白體」的意味, 表達得直截了當。

不過我們亦能從小說中看見一個普遍的現象－婦女只能通過愛、婚姻、離婚或純粹性行為等性體驗成為焦點。[38]我們不難發現〈奔赴落日而顯現狼〉整篇小說中, 有關女主角的描述往往與性有關, 如她對鍾的愛情、他們的性關係、她拋棄舊愛與新歡同居、她萌生成家養子的念頭等等, 都是過去、現在的小說中, 女性成為焦點的主要支持力量, 可見女性在性關係中的被壓抑地位並未因社會風氣改變而有所提升。

〈奔赴落日而顯現狼〉一篇小說中經常刻意地提及女主角的外型特徵。從小說中看見的女主角有「光潔的大腿」[39]、「美好的曲線」[40]、「渾圓的臀部」[41]、「優美的雙腿」[42],

---

[38] 科渥德, 頁80。

[39] 夏行, 頁31。

[40] 夏行, 頁31。

[41] 夏行, 頁31。

[42] 夏行, 頁48。

這些描寫展示了男性的角度，是男性加諸女性身上的評語，是他們眼中一個女性應有或宜有的外型優點。女性的被鑑賞位置與男性的鑑賞者位置是自古已有的性別結構，這個不平等的結構令女性處於被剝削的地位。男女在性方面的不平等亦源自這種鑑賞關係。性的不平等令女主角「慶幸鍾不是她的第一個男人」[43]，並認為「這一點可免她過份處於劣勢」[44]，又令鍾說道：「這樣的事對女人的傷害總是較深的。」[45]

（二）性崇拜

在女性主義者的眼中，性描寫的態度與道德的判決無關，她們不關心父權制對於這些描寫的道德爭論。站在她們的立場，不論是讚美愛情、還是展覽色情，只要其目的是美化婦女被支配的處境、鼓勵她們順從男人和令她們欣賞自己的屈服，就是必須加以批評的作品。

勞倫斯（D. H. Lawrence, 1885-1930）的《查泰萊夫人的情人》（*Lady Chatterlay's Lover*）一書在第14章中有一段性描寫，花了大量筆墨描繪格勒斯的陽具在康妮眼中的印象及她的讚嘆。米萊特(Kate Millett, 1934-)詳細分析該段文字，認為男性將陽具提升成神聖之物，把男性的優越表現為一種神秘的宗教。她認為通過康妮的感受，可以看到陽物崇拜意識如何成為女性特有的感覺：

---

[43] 夏行，頁41。
[44] 夏行，頁41。
[45] 夏行，頁39。

正是這個凝視著的女人告知我們, 那勃起的陽物像個絕世珍品一樣從它那金色的陽毛的光輪中昂揚而起, 它確實「傲慢」又「威風」, 當然也很「可愛」。它「黝黑」而「自信」, 又「可怕」而「奇怪」, 極易在女人身上引起「恐懼」和「興奮」, 甚至使她發出激動的呻吟。……於是, 一次勃起便最為具體和雄辯地向女性證明, 男性的優勢建立在最實在和無可爭辯的基礎之上。……勞倫斯如此虐待狂地強調她面對那生物事件的恐懼, 其用意不過再次証明女性固有的受虐待狂罷了。[46]

對米萊特來說, 勞倫斯的問題不在淫穢或色情到什麼地步, 而在於他誇大了陽物的威力, 神化了這個器官。

按照拉康的精神分析理論, 「陽具作為性差異的指意物, 保證了象徵秩序的父權結構。陽具經由對滿足的控制, 也就是心理分析理論內權力的主要來源, 意指了象徵秩序中的權力控制」。[47]

〈奔赴落日而顯現狼〉中, 描寫女主角「完全陷在狂亂之中。黑色的勢力吞蝕著她」[48], 這跟《查泰萊夫人的情人》中的康妮的感覺如出一轍。同時, 「她覺得滿足」[49]代表了她

---

[46] 康正果:《女權主義與文學》(北京：社會科學出版社, 1994), 頁23。
[47] 維登, 頁62。
[48] 夏行, 頁36。
[49] 夏行, 頁36。

欣賞自己的屈服，這正是米萊特認為必須批判的態度；而「在無盡的黑色原質中，豐盈著炫目的斑斕色彩」[50]則一樣是「美化婦女被支配的處境」的例子。

　　因此，文中的女主角並未能擺脫「陽具崇拜」和「性崇拜」的心理，也許這正是「事完之後她每每靜靜淌著淚」[51]的原因。她發覺自己的感覺與理想背道而馳，故因悔疚而灑淚。

四. 建構女性話語

　　女性主義提倡用一種特殊的女性視角對待日常生活中的所現象，並重新審視現存知識領域內各種定論的可靠性。這是女性主義與「解構主義」的共通點，它不但揭示學術研究對婦女問題的忽視，更重新發現和評價女性對人類文化的貢獻，並且力圖樹立女性視角的地位，改變男性中心文化支配一切的局面，形成一種嶄新、與之抗衡的女性文化，其意義遠超平常所說的「男女平等」。

　　她們深知只有通過女性主義的呼喚，使女性看到做一個女人意味著什麼，並試圖為「女人」重新下定義時，她們才會對常識和成見產生懷疑，才會想到其他選擇。這就是女性主義文學的宗旨。就如〈奔赴落日而顯現狼〉一樣，這篇女性主義小說的功能除了在於指出女性主義的正確道路之外，還能喚醒女性，教她們醒覺到自身的從屬地位和角色。

---

[50] 夏行，頁36。
[51] 夏行，頁36。

1. 語言與權力

　　女性主義者受福柯的「話語」（discourse）理論影響, 明白到語言內隱含著權力。[52]「話語」一直以來都受男性主宰, 而且被視為真理, 因此女性主義必須確立從女性角度認知的真理。要達到這目標, 先要建構女性的「話語」, 或稱「女性書寫」。

2. 父權制象徵秩序內的語言

　　德里達（Jacques Derrida, 1930- ）提出能指（signifier）與所指（signified）的理論, 說一個能指會指向一個所指, 但那個所指亦是一個能指, 語言就這樣無止境地指向下去, 自由地在語言中活動遊戲。拉康則認為語言是由潛意識建構的, 因此慾望的行為與語言相同, 像語言由一個對象移至另一對象, 永不會滿足。語言被操控於名為陽具的父權社會中心, 父權的「象徵秩序」是透過語言來體現的, 性別的劃分實質上是個命名與標籤的問題。由於命名權操控於男性手中, 語言由男人製造, 傳達男性的價值, 因此婦女在使用男人製造的語言時難免要接納、融化男性的價值。女性主義者認為要推翻父權制, 必須從批判它的語言開始。埃萊娜・西佐斯說:

> 　　每一件事都決定於語詞, 每一件事都是語詞,
> 而且只是語詞……我們應該把文化置於它的語詞中,
> 正如文化把我們納入它的語詞和語言中一樣……任
> 何政治思想都必須用語言表現, 都要憑藉語言發揮

---

[52] 維登, 頁127-162。

作用。因為我們自從降生人世便進入了語言,語言
對我們說話,施展它的規則……甚至在說出一句話
的瞬間,我們都逃不脫某種男性欲望的控制。[53]

3. 建構女性話語的方式

建構女性話語的方法,不少女性主義者都有提議。伊里加
拉(Luce Irigaray, 1930-)在《這並非單一性別》(*This Sex
Which Is Not One*)中根據女性說話的方式制定了一套「非中
心化」策略。

(一)非中心化

父權體系要求語言清晰、明白和單一,為了背棄這種價
值,女性語言必須盡量不準確、非理性、邏輯、語無倫次、思
緒散漫,表現出神經質、不能理解、令人混亂不安及反覆無
常。[54]

〈奔赴落日而顯現狼〉女主角經常說話,她的話(不論
是說出或想到的)具有相當的邏輯性和理論性,如:「人生所
有事物不過是一些表相而已,所謂意義也只是個人認知下的產
物,而人的認知是不可信任的,內中往往涵藏著虛飾與欺騙。
人不管經過多大的努力總無法明白自己的真實處境。」[55]以
及另一段:「人類族群發展出以愛為基礎的婚姻制度本質上
只是一樁文化現象,並非具有任何關乎人類生存的絕對意義。
即便連愛也是概念定義下的產物,不具備真的本質。身為有理

---

[53] 康正果,頁134。
[54] 莫依,頁138-139。
[55] 夏行,頁34。

性的現代知識分子, 我們有權不受一般社會成規的約制, 而塑造屬於自我的價值系統。」[56]她使用父權制之下創造的語言, 而且有著強烈的邏輯性, 如根據伊里加拉的分析, 這樣只會把自己局限於男性的制度與思維當中。

（二）另賦詞義

法國的克莉絲蒂娃對女性話語持另一種意見。她認為婦女顛覆父權制象徵秩序的策略不是重新造語言, 而是為現有的語言賦予新的意義, 以反映新社會關係, 這是說話主體的任務。

〈奔赴落日而顯現狼〉女主角作為語言主體並沒有使用這個策略, 她的語言是屬於男性的。她襲用了鍾「複雜的小女人」的一語來責罵自己, 說自己有「小女人的卑賤心態」, 完全沿襲了男性的詞語含義。她被語言拘限了思維, 困於父權的象徵秩序之內, 因此無論她反覆把事情思考多少遍, 只要她運用男性的邏輯語言思考, 就必定無法得到理想的結果。因此, 「真相是什麼」[57]這問題自始至終都困擾著她, 她「對答案的無知令她轉而憎恨問題的荒謬」[58]。

五. 表現主題的手法

這篇小說的開端時間是下午女主角午覺新醒的時刻, 結尾是同日的日落時份, 現時敘述的幅度僅得短短的一個下午。情節一面發展（女主角背起來福槍起程前往與鍾約定獵狼的

---

[56] 夏行, 頁38。
[57] 夏行, 頁34。
[58] 夏行, 頁34。

地點），一面不斷出現逆時序的閃回，交待開端時間之前在不同時空發生的事件，以補充故事的背景，揭示女主角的個性和心理，自然地引發故事的結局－女主角槍殺了鍾。

1. 敘事手法特色

故事中的十四次閃回只有一次內部閃回，補述開端剛開始時鍾和女主角之間作的約定。其他十三次都是外部閃回，即事件全都發生在開端時間之前。這些閃回發揮著填充閃回的作用，補述女主角的背景，一步一步追溯人物性情和心理的成因。作者採用這個方法敘事的好處和作用如下：

（1）把時間壓縮至一個短短的下午可使結構緊密，焦點集中。將時間空間縮窄亦能營造壓迫感，令讀者聯想到女性在現實社會中飽受壓迫的事實。

（2）不作順序敘述，製造懸念，逐步揭示女主角的背景和過去，以及她這一次外出奔赴的對象。同時過去的心路歷程又可以與開端時間內的的心理變化平行發展，互相對照。

（3）零碎的剪接製造時空的對比，以過去的闊對比現時的窄，營造出形式上的美感。閃回的時間幅度比較寬，從女主角的孩提時代開始；空間亦比較廣，從往海邊前到隱居山谷後都有。現時敘述則只有一個下午，空間範圍亦僅限於山谷之內。這個對比隱隱暗示了女主角所受到的壓迫，小說在形式上亦表現了主題。

（4）用往事營造女主角上山途中的心理變化，她對過去的回憶影響了她今日的選擇，推進情節的發展。這是在實際小說的情節上顯示的功能。

作者的敘述手法和安排十分恰當, 在形式結構上既可照顧小說的氣氛, 又能表現作品的主題, 同時, 敘述程序的安排亦能加強內容和協助情節推進。

2. 意象

為了表達小說複雜、多層的主題, 作者使用了多種意象構成小說, 這些喻體之間緊密繁複的關係展示了女性在社會中的處境。運用意象須以直接的方式處理不論主觀或客觀的事物。〈奔赴落日而顯現狼〉之中有五個經常出現的意象: 黑夜、落日、狼、槍、奔跑。五個意象各有不同的內涵, 而且關係複雜。意念模式不但表現和烘托出主題, 更是主題的載體。當意象轉化成為象徵, 就會和小說的整體結構融合, 包括在結構之中。[59]〈奔赴落日而顯現狼〉的意象屬於總體意象, 各種意象重覆出現又互相關聯, 黑夜與落日的對比和鬥爭、槍與狼的捕獵關係、黑夜與狼的共同特徵、狼與奔跑的因果關係、槍對奔跑造成的負累……各個意象除了有自己的喻意之外, 還在相互作用的過程中產生另一層次的意義, 全面反映小說的主題。

高爾頓 (Francis Galton, 1822-1911) 在1880年以心理學的角度研究意象, 發現「意象」一詞表示過去感受上、知覺上的經驗在心中的回憶或重現, 這種重現不一定是視覺上的。[60]

---

[59] 羅・海爾曼 (Robert Bechtold):〈總體意象模式與整體意義〉("Preliminaries: Critical Method"), 鄒羽譯, 載汪燿進編,《意象批評》,(成都:四川文藝出版社, 1989), 頁168

[60] 韋勒克(René Wellek, 1903-)、沃倫 (Austin Warren, 1899-1986):〈意象、隱喻、象徵、神話〉("Image, Metaphor, Symbol, Myth"), 劉象愚譯,《意象批評》, 頁3。

換言之, 意象亦不僅是視覺上的。心理學家與美學家把意象分為多個類別, 如味覺的、嗅覺的、動覺的、觸覺的、移情的、動力的等等。[61]一個意象的運用除了令讀者產生視覺的效果外, 更重要的是喚起感覺記憶或情緒記憶的。米德爾頓(Murry John Middleton, 1889-1957)認為, 意象甚至可以完全是心理上的。[62]

〈奔赴落日而顯現狼〉的與個意象中, 槍是觸覺的意象, 奔跑是動力的意象, 狼是移情的意象, 黑夜和落日雖然是視覺上的, 但亦有一些心理或感覺的特徵。正如著名意念派詩人龐德（Ezra Pound, 1885-1972）所言, 意象不是圖象式的重現, 而是呈現於瞬間, 一種理智與感情的複雜經驗, 是各種不同觀念的聯合。[63]

要了解〈奔赴落日而顯現狼〉這篇以意象為主體的小說的主題, 明白作者對女性主義的立場和描述, 必須先弄清這些意象的關係。

（一）黑夜

黑夜象徵男性的形象（包括男性在社會中的優越地位）及父權社會的氛圍。女主角想從和鍾的相處中「習得有關黑色的秘密」, 她知道他「在畫中對於黑色的運用是相當擅長的」。女主角對於男性的真實形象十分好奇。女主角不能抗拒男性之於女性的自然吸引力。在性關係中, 她發覺「在無盡的黑色原質中, 豐盈著眩目的斑爛光彩」。在這種關係之上,

---

[61] 沃倫, 頁3。
[62] 沃倫, 頁4。
[63] 沃倫, 頁4-5。

她亦無法撤除傳統的觀念, 她認為這是「黑色的勢力吞蝕著她」。漆黑是「粗暴的」, 同時又有著「神祇雕像」似的神聖尊貴形象。這正是社會傳統觀念中男性的特質。女性在這種環境之中, 就是「隻身陷於黑暗」, 並會感到自己「深陷重危」。黑暗無窮無盡, 並會「完全解除了她的防衛能力」, 對於女性而言, 男性以及男性造成的社會氛圍有巨大的「勢力」, 而且具威脅性。

　　那枝蠢大的來福槍架在她嬌小的身軀, 亦隨著黑影一上一下抖顫著[64]

　　那時他們方從漆黑的海濱邊到山谷中[65]

　　似狼的嗥叫迴盪在無盡的黑暗中[66]

　　她哭喊著在孤絕中奔跑, 然黑暗完全解除了她的防衛能力[67]

　　海邊的冬夜漆黑漫長並混雜著海潮強烈擊拍岩石的粗暴力量[68]

　　完全的黑暗中她狂潮式地感受著鍾黏膩的肌膚[69]

　　黑色的勢力吞蝕著她[70]

---

[64] 夏行, 頁35。
[65] 夏行, 頁35。
[66] 夏行, 頁35。
[67] 夏行, 頁35。
[68] 夏行, 頁36。
[69] 夏行, 頁36。
[70] 夏行, 頁36。

在無盡的黑色原質中，豐盈著眩目的斑斕光彩[71]

一個怪異的黑影子兀立在她破碎的容顏間[72]

因我素知你在畫中對於黑色的運用是相當擅長的[73]

她將雙身陷溺在黑暗的山林中並四處藏著狼的可怖威脅[74]

……直直豎立著一個黑影，宛如一尊黑色的神祇雕像[75]

因為即將來臨的黑夜，落日便帶著一種滅絕的美[76]

我一直熱望著眼見那白晝與黑夜相交的瞬間—完美的力與美的結合[77]

而在灰藍的天空完全為黑色勢力強佔之後……[78]

原來晝夜相交接的那一瞬間竟是不曾存在的[79]

---

[71] 夏行，頁36。

[72] 夏行，頁37。

[73] 夏行，頁38。

[74] 夏行，頁40。

[75] 夏行，頁47。

[76] 夏行，頁47。

[77] 夏行，頁50。

[78] 夏行，頁50。

[79] 夏行，頁50。

　　（二）落日

　　落日是女主角追求的理想女性形象, 她一直努力奔赴這個理想, 認爲超越自我、超越女性的局限就是達到了理想。她「年幼不認識事的時候……慣於……在河堤上追奔落日」, 她這個理想從小就存在, 「自幼時即不斷蠱惑著她」。在她的眼中, 這個目標「展呈著迷人的形姿」、「散發著魅力」、十分「瑰麗」, 令她「一心傾慕」。對比午間有著「潑辣性格」的「毒辣的日頭」, 落日「溫柔的姣美」。在黑夜與落日鬥爭的過程中, 「日頭……悄然自山脊隱没」, 儘管她努力地爭取, 終究還是失敗了, 「晝夜相交接」、男女平等和諧共存的狀態根本就「不曾存在」。

　　　　她慣於在親戚所居鄉間的河堤上追奔落日[80]
　　　　黃昏的午後日頭展呈著魅人的形姿之際[81]
　　　　毒辣的日頭亦在此時徹底爲密林所遮蓋[82]
　　　　她開著白色跑車載著鍾在公路上疾馳競逐落……[83]
　　　　日頭業已喪失了她的潑辣性格, 即將呈出溫柔姣美的形姿[84]
　　　　那是一種屬於落日的、淒絕的想望[85]

---

[80] 夏行, 頁32。
[81] 夏行, 頁32。
[82] 夏行, 頁37。
[83] 夏行, 頁41。
[84] 夏行, 頁42。
[85] 夏行, 頁42。

隱約可見的落日加快了她的步履和決心[86]

日暮時份她在瑰麗天光中入浴[87]

她所一心傾慕的紅日至此已現出完美的身形高懸在她的視線前方[88]

沉默的落日[89]

日影在她繼續向山頂行去的疾步中緩緩西移，絢麗的虹漸次由天向她圍攏過來。[90]

所以當她奔赴鍾與落日的同時她是心懷憤恨的。[91]

巨大無瑕的紅日貼在山巔上靜靜散發著魅力[92]

而他的身後矗立著一輪血紅的日[93]

因為即將來臨的黑夜，落日便帶著一種滅絕的美。[94]

……背後浮著那枚自幼時即不斷蠱惑著她的落日[95]

灰色即自天際緩慢但以一定的行進速度逐次向落日迫近。然那輪紅日卻堅持著她的美姿並不顯

---

[86] 夏行，頁43。
[87] 夏行，頁44。
[88] 夏行，頁44。
[89] 夏行，頁44。
[90] 夏行，頁45。
[91] 夏行，頁47。
[92] 夏行，頁47。
[93] 夏行，頁48。
[94] 夏行，頁49。
[95] 夏行，頁49。

露一點讓步的晦暗痕跡。而在灰藍的天空完全為黑色勢力強佔之後，日頭仍不屈發散著褚紅的血光，直至熱力散盡的最後一才悄然自山脊隱沒。[96]

　　原來晝夜相交接的那一瞬間竟是不曾存在的。[97]

　　（三）狼

　　鍾在故事的結尾中，「以狼的形象被她射殺了」[98]文中多次提及女主角對狼的恐懼，「似狼的嗥叫迴盪在無盡的黑暗中」對她而言是「可怖」的。狼象徵鍾，象徵男性對她對她造成的壓力，或進一步而言，指男女既定角色、位置和關係對地所構成的壓迫感。男性是女性的「死敵」。然而，當黑夜來臨，狼就一定會出現，這是她深明，同時亦非常恐懼的事實。她不能擺脫「四處藏著狼的可怖威脅」，即無法消除男性權力對於女性造成的剝削和壓迫。

　　　　山裏說不定會有狼。[99]
　　　　似狼的嗥迴盪在無盡的黑暗中。[100]
　　　　莫非連狼，我的死敵，也僅是一個幻象嗎。[101]
　　　　她仍不時錯覺有狼嗥混雜其中。[102]

---

[96] 夏行，頁50。

[97] 夏行，頁50。

[98] 東年：〈一個半裸的女神或女妖〉，《如何測量水溝的寬度》，頁54。

[99] 夏行，頁35。

[100] 夏行，頁35。

[101] 夏行，頁37。

我聽幾個山地人說到這幾天山裏出現了狼。[103]

連山裏有狼這樣可怖的狀況你都不願伴我上山嗎。[104]

你應當想想那隻可怖的狼。[105]

一隻狼的身影徐徐在山巔移動。[106]

她將隻身陷溺黑暗的山林並四處藏著狼的可怖威脅。[107]

（四）槍

槍象徵女主角超越局限、擺脫命運的決心。她知道有狼的時候，她「需要一隻槍」。她起初帶著無比堅毅的決心，「扛槍的肩膀有力地起伏著」。不過，這種決心對於她而言其實是個負累。女性「嬌小的身軀」本來就難以承受「蠢大的來福槍」帶來的重壓，也得「隨著黑影一上一下抖顫著」。經常要攜槍對於她而言是「麻煩」的，但她「卻堅持著不肯甩開這重擔」。最後，她亦下了最大的決心「雙手舉起來福槍瞄準鍾」，並「開槍射去」，殺死了鍾。鍾對槍的看法代表了男性對她這種反抗態度的輕蔑，他認為既然她不願意「依附」他「維生」[108]，「有槍為伴也就足夠了」，顯示出男性對於女性的抗爭不屑一顧，亦不放在眼內，不介意任由她們逞強下去。

---

[102] 夏行，頁40。

[103] 夏行，頁46。

[104] 夏行，頁46。

[105] 夏行，頁49。

[106] 夏行，頁49。

[107] 夏行，頁40。

[108] 夏行，頁46。

　　之後她瞥見素樸的壁上高懸著一隻獵戶專用的來福槍。[109]

　　發出砰一聲似槍聲般的音響。[110]

　　槍的肩膀有力地起伏著。[111]

　　那枝蠢大的來福槍架在她嬌小的身軀, 亦隨著黑影一上一下抖顫著。[112]

　　她的肩膀承受著它（槍）的壓力, 卻堅持著不肯甩開這個重擔。[113]

　　我需要一隻槍。[114]

　　蠢大的來福槍挺在她僵直的雙臂間。[115]

　　麻煩的是她尚須攜著那隻蠢大來福槍。[116]

　　她舉起了蠢大的槍並將它支立在地上。[117]

　　我相信你有槍為伴也就足夠了。[118]

　　雙手舉起來福槍瞄準鍾。[119]

　　於是她開槍射擊。[120]

---

[109] 夏行, 頁46。
[110] 夏行, 頁32。
[111] 夏行, 頁32。
[112] 夏行, 頁35。
[113] 夏行, 頁35。
[114] 夏行, 頁35。
[115] 夏行, 頁37。
[116] 夏行, 頁40。
[117] 夏行, 頁42。
[118] 夏行, 頁47。
[119] 夏行, 頁47。

　　（五）奔跑

　　奔跑象徵女主角追尋理想的過程。女主角自文首「發足在山林中狂奔」開始，一直在奔跑、疾步。「她酷愛奔跑，酷愛速度」，過去她「她開著白色跑車載著鍾在公路上疾馳競逐落日」，在夢中「她哭喊著在孤絕中奔跑」，在山谷中她又不斷「疾行」，可見她追尋理想的過程十分漫長，而且困難重重，她會遇上蚊蠅、芒草，又會被惱人的問題纏繞，甚至會哭喊。作者亦同時不斷提及女主角的「行路工具」[121]（她的腿）。女主角有「光潔的大腿」、「優美的雙腿」，這些優美而女性化的形象與追奔落日的行為十分不協調，於是難免會令「優美的雙腿也因路徑縮小而頻頻為道旁芒草的親吻所傷」。這裏一再暗示女性主義的追尋一定是荊棘滿途、十分艱巨的。憑藉著女性柔弱的雙腿追奔落日，幾乎可說是自尋死路。小說對女主角雙腿的描繪基本上是從男性的角度出發的，強調其性魅力，以鑑賞者的身份為女性的胴體加上評語。這揭示女性自己努力衝破男女的不公平，但男性不為所動，仍然只會視女性為性對象。

　　　　她發足在山林中狂奔。[122]
　　　　河堤上總有著一大群蚊蠅在她無盡的奔逐中追促著她。[123]

---

[120] 夏行，頁49。
[121] 夏行，頁31。
[122] 夏行，頁32。
[123] 夏行，頁32。

　　她想到她酷愛奔跑, 酷愛速度。[124]

　　她繼續在山林中疾走。[125]

　　她哭喊著在孤絕中奔跑, 然黑暗完全解除了她的防衛能力。[126]

　　她開著白色跑車載著鍾在公路上疾馳競逐落日。[127]

　　疾行中揮之不去的又是這個惱人的問題。[128]

　　一時的困窘並未令她快速行進的雙腿緩慢下來, 隱約可見的落日更加快了她的步履和決心。[129]

　　日影在她繼續向山頂行去的疾步中緩緩西移。[130]

　　她不斷試圖以自己的決心和毅力超越自身性別的局限, 戰勝可怕的狼。她追求美好的落日, 追求男女平等, 卻不知道「灰藍的天空完全為黑色勢力強佔之後, 日頭仍不屈地發散著褚紅的血光, 直至熱力散盡的最後的一刻才悄然自山脊隱沒」才是真實的現象, 黑夜終會戰勝落日, 「晝夜相交接的一瞬間竟是不曾存在的」, 落日和黑夜之戰中, 前者必是不戰而敗。

---

[124] 夏行, 頁32。
[125] 夏行, 頁35。
[126] 夏行, 頁35。
[127] 夏行, 頁41。
[128] 夏行, 頁43。
[129] 夏行, 頁43。
[130] 夏行, 頁45。

　　小說顯示女主角的選擇是錯誤的,她所求的所謂理想根本就不如像她所期望的一樣,她試圖超越男性,即使成功了,最後亦會發覺她所得的與理想不符,正如鍾所言：「當妳以堅強而背叛世俗的一切,妳同時就喪失了世俗可能給妳的一切保障。妳已經沒有權利要求這些。事情的真相就是這樣,妳建立了一套新的法則,同時也毀掉了一切舊有的。」[131]這裏,他一語道破了她的方向的錯誤。

六. 總結

　　女性主義小說的類別和焦點很多,有的「直言不諱地表示忠誠於婦女解放運動」,有的描寫「女性主義追求與社會環境的衝突」,有的則「刻劃婦女被壓迫的體驗」。[132]〈奔赴落日而顯現狼〉大致上屬於第二類,見有提高警覺的意味。人物關係和背景的安排、女主角與鍾的衝突、女主角對性的態度,以及小說人物的話語特色和小說本身的話語特色都明顯地帶著女性主義的色彩。女性主義文字的目標讀者是女性,其政治功能在於顛覆男性的霸權,提高女性對自身處境的警覺。

　　對於女性主義作品的作者而言,作品的女主角往常是她們自己的投射,是一個象徵她自己的意象。《閣樓中的瘋婦》（*The Madwoman in the Attic*）[133]一文對十九世紀的重要女作家進行了深刻的研究。當中指出男性的幻想中「永恒女性

---

[131] 夏行,頁48。

[132] 科渥德,頁77。

[133] 此書作者為桑德里‧吉爾伯特（Sandra M. Gilbert, 1936- ）及古巴‧蘇珊（Susan Gubar, 1944- ）。

化」的天使形象背後隱藏了怪物[134], 這種二重性的身分令在父權制下的女性藝術家感到焦慮, 她們自我界定的過程被干涉, 並被父權制弄得複雜化。爲了「攻擊及修訂、解構及重建從男性文學遺傳下來的女性形象, 尤其是天使與怪物之型兩極性」[135], 她們的作品中經常出現「瘋婦」形象的女性。對《簡愛》(*Jane Eyre*)的「瘋婦」伯莎·梅森(Bessie Mason), 她們有以下分析:

> 在某層面上通常是作者之替身, 她本身的焦慮及憤怒之意象。事實上, 很多由女性寫作的詩及小說都出現此瘋狂生物, 令女性作家與本身獨特之女性破碎感覺, 她們對自己及別人對她們要求之形象兩者之間差別之敏銳觸覺, 達成妥協。[136]

女性小說中經常出現的「瘋婦」意象有以下涵意:

> 女性作家將她們的憤怒及不安投射於可怕之意象中, 爲她們及小說中的女主角創造黑暗之替身, 因而能同時認同及修訂由父權文化強加於她們身上的自我定義。所有十九及廿世紀在小說或詩中引用女性怪物之女性作家都由於自我認同怪物之形象而改變她的意義。因爲通常是由於她在某層面上感到

---

[134] 莫依, 頁52。
[135] 莫依, 頁54。
[136] 莫依, 頁54。

自卑, 因此那巫婆、怪物、瘋女人變成作者本身之
重要化身。[137]

　　〈奔赴落日而顯現狼〉的女主角的精神狀態明顯可以歸
入「瘋婦」一類, 作者運用憤怒的「瘋婦」意象表達她們的自
我是反抗父權的策略。作者懷著女性主義的政治目的, 以反面
的例子揭示女性主義者一個可能的錯誤戰鬥方向, 對於女主角
追求的男女智能、體力、行為、心理上的平等, 顛覆男性霸權,
作者抱著否定的態度。小說的主題深刻而複雜, 作者為了進一
步表現主題, 運用了特別的敘事安排和豐富的意象, 令小說更
加深刻、立體。

~~~~~~~~~~

主要參考文獻

DONG

東年：〈一個半裸的女神或女妖〉,《如何測量水溝的寬度》,
　　瘂弦編, 台北：聯合文學, 1987。

GAO

高琳主編：《論女性文學》, 北京：中國婦女出版社, 1995。

HUANG

黃碧端：〈一個個別女性的悲劇〉,《如何測量水溝的寬度》,
　　瘂弦編, 台北：聯合文學, 1987。

KANG

---

[137] 莫依, 頁55。

康正果:《女權主義與文學》, 北京:社會科學出版社, 1994。

　　KE

維登, 克莉絲(Weedon, Chris):《女性主義實踐與後結構主義理論》(*Feminist Practice & Poststructuralist Thoery*), 白曉紅譯, 台北:桂冠圖書公司, 1994。

　　LUO

羅瑟琳, 科渥 (Coward, Rosalind):〈婦女小說是女性主義小說嗎?〉("Are Women Novels Feminist Novels?"), 王之華譯,《當代女性主義文學批評》, 張京媛編, 北京:北京大學出版社, 1994, 頁69-86。

　　TUO

莫依, 托里 (Moi, Toril):《性別／文本政治:女性主義文學理論》(*Sexual /Textual Politics : Feminist Literary Theory*), 陳潔詩譯, 台北: 駱駝出版社, 1995。

　　WEI

韋勒克(Wellek, René), 沃倫(Austin Warren):〈意象、隱喻、象徵、神話〉, ("Image, Metaphor, Symbol, Myth"), 劉象愚譯, 汪燿進編,《意象批評》, 成都:四川文藝出版社, 1989。

　　XIA

夏行:〈奔赴落日而顯現狼〉,《如何測量水溝的寬度》, 瘂弦編, 台北:聯合文學, 1987, 頁29-50。

　　YI

修華特, 伊蘭：〈荒野中的女性主義批評〉, （"Feminist Criticism in the Wilderness"）, 張小虹譯, 《中外文學》14卷10期, 1986年3月, 頁77-134。

ZHENG

鄭明娳編：《當代台灣女性文學論》, 台北：時報文化, 1988。

Derrida, Jacques: *Writing and Difference*. Trans. Alan Bass, Chicago: Chicago UP, 1978.

Rich, Adrienne: *Of Women Born*. New York: W.W. Norton & Company, 1986.

~~~~~~~~~~~~

評語： 黎活仁

1. 記得拜讀歐陽同學的學期報告之時, 感覺十分奇怪, 前言和末段的文字修辭似有不凡的造詣, 後來終於得到確證；見於附錄的「獲獎感言」是何巨麗之文？

2. 學期報告的中段講述女性主義, 好像大病初癒, 有心無力, 極感可惜, 最後因爲末段的創意給了「優異獎」；

3. 到刊物要出版, 向她徵集文稿之時, 建議引進「後現代」言說重訂中段「女性書寫」相關部分, 不想卻可以在短短幾天一揮即就, 像重新活過來的樣子；

4. 如解構者的分析, 文本中落日重複又重複出現, 不下十數次, 讓視覺空間變得特別開闊, 宇宙幻化成流金畫屏, 文字風格有一種富貴態；據知到了晚唐, 詩人才開始懂得夕陽之美,

並形諸諷詠, 因此, 推論這篇小說是諧擬花間體的「擬」女性主義寫成, 因諧擬而形成的敵對傾向是對男權的挑戰;

5. 解構者認為小說的女主人公問題是跳不出男性的話語或思維模式, 以失敗告終, 這是一種「誤讀」(misreading), 因為小說採開放性結尾, 「狼」有沒有被射殺, 始終沒有詳細交代, 這頭「狼」不過是第二頭獵物, 對女性主義者而言, 「狼」在前門「被驅不異犬與雞」, 隨即又因不必言詮的需要, 又有了「後門進狼」的情節。

~~~~~~~~~~~~

獲獎感言 : 歐陽潔美

畢竟是椿切身的事, 向來都覺得女性主義是一個饒有趣味的課題。不論是宋詞還是戲曲的論文, 我都喜歡找個不起眼處, 以女性主義的角度「小題大做」一番。今年選修「台灣文學」, 碰上了對文藝理論素有研究的黎活仁博士, 又讀到了台灣的女性主義小說, 終於有機會 (也不得不下決心) 仔仔細細地研讀有關女性主義的理論, 以補原來的皮毛之見。

最初讀到夏行的〈奔赴落日而顯現狼〉時, 幾乎望其艱澀而卻步, 但同時又為其絢麗的影象而驚艷。這篇小說的電影感頗強, 讀著如一格格瑰麗斑爛的菲林在腦海放映, 穿插出淒美的氣氛, 教人有非弄清其主題不可之感。大概是天資不足, 再讀、三讀, 不知讀了第幾遍、連紙頁都縐損之際終於搞清了小說意象的複雜關係。面對著安排縝密的多個意象, 我對女性主義的基本思想忽然認識多了。

　　呈交論文時自覺寫得未如理想。原因一(藉口?)是那時正值一年一度晨昏顛倒、趕製各科論文的季節;其次是為弄妥了意象關係而沾沾自喜之餘,同時亦已心力交瘁。文章內容粗淺、理論不足,若不是黎博士提議重寫論文以便刊登,恐怕以後都沒有重讀這篇名符其實的「拙稿」的勇氣。在黎博士的指引下,我增加了理論的篇幅。準備過程中,亦只得乖乖地啃掉行文與概念同樣複雜的理論書籍,也因此得以瞥見文藝思潮寶庫的一角。儘管天資依然不足,修改後的論文仍有不善之處,然而我希望能藉此引起讀者對女性主義及其它文藝理論研究的興趣。

　　在資訊發達的年代,文化理念不繼推陳出新。「台灣文學」一科除了可提高同學們鑑賞文學作品的能力之外,更重要的是加深我們對文藝思潮的認識。文藝理論並不是紙上談兵,我們只要稍加留意,便不難在各類文本中找到這些理念的蹤跡。文化發展急速,我們必須對這些理論有一定認識,才能分析各種文學作品,甚至生活中常見的種種現象。熟習這些概念亦能加強抽象思維和邏輯思維的能力,令我們的觸覺更為敏銳、感覺更加細緻。

　　客觀的障礙比比皆是,能在種種限制下建立遠大的理想已不容易,能把理想付諸行動就更困難,我非常佩服黎博士努力追求理想的勇氣和決心。希望他對文學理論研究的推動可獲理想成效,並為本地的學術研究開闢另一條光明燦爛的路。(全文完)

[責任編輯:白雲開、鄭振偉]

《台灣文學教學叢刊》第1輯, 1998年12月

薛荔〈春望〉的分析

陳運娣

論文提要：在當今國際學術界敘述學方興未艾, 薛荔〈春望〉這一後設小說的敘事模式相當廣泛, 現從敘事學的角度作一分析。

作者簡介： 陳運娣, 女, 1976年生, 香港大學中文系3年級 (1997-1998)學生。

關鍵詞： 薛荔 〈春望〉 敘述者 可靠性 呈現式敘述 視角 敘述接受者 時序 時限

獎項: 本文獲香港大學中文系1997-1998年度3年級「台灣文學」課程學期論文「優異獎」軍

一. 引言

　　一直以來, 小說研究傾向於對作品的內容作探討。以女作家薛荔(鮑利黎, 1948-)為例, 學者多留意她的小說的思想性, 著重發掘作品的主題思想。透過他們的研究, 我們可以知道：從廣義而言, 薛荔的每一篇小說都帶有「自我衝突」這

一個主題[1]。她筆下的人物，一般都經歷過各種不同的情感，如絕望、痛苦、恐懼、不安等等，而這些情感往往是由記憶所誘發，難以抗拒和控制，並且令主人公深深地陷入矛盾和迷惘的境界之中。此外，人物具有雙向分裂的性格特點，主人公希望成為的形象和他實際上的形象發生衝突[2]，結果促使他追求「自我統一」[3]。然而，薛荔的作品在形式上的特點，則往往受到學者的忽視。直到俄國形式主義抬頭，敘事學的相繼勃興，小說研究才有突破性的發展。這時，學者紛紛擺脫以研究作品的內容為首要任務的主張，轉而致力於對作品的形式作深入的探討，並由此獲得了一番新的感受和見解，促進了小說研究多元化的發展。本文亦嘗試從小說敘事學的角度，分析薛荔的小說——〈春望〉[4]，希望透過研究作品在敘述者、敘述接受者、敘事時間等各方面的特點，從中體會到作者的藝術構思。

二. 故事梗概

　　〈春望〉主要描繪了一位和在中國大陸子女失散多年的老人那種內疚感，以及最終能夠與子女團聚的喜悅[5]，是薛荔少數帶有樂觀結局的故事之一。

1　奚密：〈自我衝突與救贖意義：李黎小說研究〉，《中外文學》，1989年5期， 1989年10月，頁49。

2　奚密，頁47。

3　奚密，頁49。

4　薛荔：〈春望〉，《如何測量水溝的寬度》(瘂弦編，台北：聯合文學, 1987, 2版)，頁199-227。

5　奚密，頁49。

在一九四九年, 共產黨成功取得政權, 接管中國, 國民黨因而遷台。在種種政治因素的影響下, 〈春望〉中的主人公被迫與在中國大陸的母親、妻子及兒女分離, 到台灣去。其後, 由於政治局勢持續緊張, 主人公終與家人失去聯絡。自此, 他便以台灣為家, 在那裏再婚並且生兒育女。然而, 主人公並未從此完全忘記在中國的家人, 相反地, 他時常想念著他們, 腦海中不時浮現出家人的影子。同時, 主人公亦不斷自責, 埋怨自己未有盡丈夫和父親的責任, 並由此產生出一種內疚感, 日夜飽受著痛苦的煎熬。

多年以後, 大陸和台灣分別解禁, 允許人民到外地旅遊, 於是主人公在其身處在美國的子女的穿針引線下, 終於在香港跟分離了三十多年的子女相聚。當他聽到子女們訴說著這數十年的境況後, 他更加感到無地自容。不過到了最後, 主人公的內疚感終因為「父親和子女那種不容置辯的關係、他對子女的愛和子女對他的諒解而消失殆盡」[6]。由此可見, 作品牽涉到兩個中國社會的生活, 藉此反映出親情是可以衝破地理, 政治和文化的阻隔。此外, 作者以杜甫(712-770)描寫因戰亂而使家人失散, 以及期望重聚的詩作為標題[7], 顯示出她對人生仍然抱著積極樂觀的態度。儘管在過往中國的政治局面造成了許多家庭悲劇, 但愛與諒解亦同時提供了希望[8]。

---

[6]　奚密, 頁54。

[7]　奚密, 頁54。

[8]　奚密, 頁54。

三. 敘述者類型

敘述者是指敘事文本中的「陳述行為主體」[9]，亦即是「聲音或講話者」[10]，是小說敘事學中一個相當重要的概念。由於故事本身不會自行呈現於讀者眼前，因此，任何敘事文本都有一個或者以上的敘述者存在。敘述者一般具有多樣的功能，而最基本的功能就是講述故事。同時，從不同的角度分析，更加可以將敘述者劃分為多種不同的類型。在〈春望〉中，共有三個敘述者的存在。他們分別屬於不同的敘述者類型，在故事中不同的地方出現，卻共同分擔了敘述的工作。

1. 隱蔽的敘述者

在〈春望〉中，敘述者表現得相當沉默，他不但沒有作為故事的人物，參與情節的發展，甚至不體現為文字符號。他只是悄悄地隱藏在故事背後，講述了主人公與家人分離的經過、其後的感受，以及與子女團聚的喜悅。由於大部份的故事內容，都是由他去講述的，因此他是作品中最重要的敘述者。

根據敘述者與故事的關係，可以將敘述者分為「同敘述者」和「異敘述者」[11]。前者主要講述自己或與自己有關的故事，而後者則主要講述別人的故事。明顯地，〈春望〉中的隱蔽敘述者所講的故事，並非與自己有關，因此，他屬於「異

---

[9] 胡亞敏(1954-)：《敘事學》(武昌：華中師範大學出版社, 1994),頁36。

[10] 胡亞敏，頁36。

[11] 雷蒙-凱南·施洛米絲(Shlomith Rimon-Kenan)：《敘事虛構作品：當代詩學》(*Narrative Fiction：Contemporary Poetics*, 姚錦清譯,福建：廈門大學出版社, 1991), 頁112。

敘述者」的類型。在敘述上, 「異敘述者」具有較大的靈活性[12], 他既可以凌駕於故事之上, 掌握所有的線索, 然後對故事作出詳細的解說, 亦可以拋去這份優越感, 限制所發出的信息[13]。而小說內的敘述者則是有節制地發出信息, 令讀者未必能夠完全理解整個故事。例如在小說中敘述者便沒有清晰或直接地說明主人公要離開家人, 獨自遠赴台灣的原因, 讀者只能從側面去猜想主人公的離去可能是基於政治因素。不過, 這種手法卻可以留給讀者較大的思考空間。

　　另外, 從作品的「敘述層次」[14]來看, 敘述者可分爲「外敘述者」與「內敘述者」兩大類型[15]。在〈春望〉中, 隱蔽的敘述者講述了故事的整體內容, 但在他所敘述的故事裏, 另外兩個敘述者——晉元和晉芳又分別講述了一些主人公不爲所知的經歷。由此可見, 故事之內又有故事, 形成了「敘述層次」, 而整個作品共有兩個層次。〈春望〉的隱蔽敘述者屬於「外敘述者」的類型, 即第一層次故事的講述者[16], 他所講的故事不但包容了整個作品的故事, 而且又是最重要的, 因此他在作品中居支配地位。相對而言, 晉元和晉芳則成爲「內敘述者」。

　　同時, 他也是一個「自然而然」的敘述者[17]。在敘述的過程中, 他不但刻意隱藏自己的身份, 而且還盡量避免流露出任

---

[12]　雷蒙-凱南, 頁112。
[13]　雷蒙-凱南, 頁112。
[14]　雷蒙-凱南, 頁111。
[15]　雷蒙-凱南, 頁111。
[16]　雷蒙-凱南, 頁112。
[17]　雷蒙-凱南, 頁113。

何敘述的痕跡，如他的構思過程和敘述方式[18]，當中的人物、事件彷彿是自行呈現於讀者的眼前。此外，他又以書信作為手段，去表明作品是發生在某時的眞實事件[19]：

> 父親大人：您好！……整整三十八年不見了，想告訴您的話實在太多了。我還記得那年在福州分手的時候，我才十歲。……就那一天的事，我記得很清楚。再早的事情就很模糊了[20]。

書信的運用，有助掩飾作品的虛構性[21]，使人渾然忘記了敘述者的存在。由此可知，「自然而然」的敘述者著重呈現作品的眞實性，他與那些刻意暴露寫作過程的「自我意識」的敘述者是大相逕庭的[22]。

最後，透過觀察敘述者對故事人物和事件的態度，還可以知道他是一個「客觀敘述者」抑或是「干預敘述者」[23]。前者往往單純地講述故事，而不會有任何的感情流露；後者則會在適當的時候，發表議論，干預著故事情節的發展。〈春望〉中那個隱蔽的敘述者，顯然是一個「客觀敘述者」，他不但刻意抹掉寫作的痕跡，而且堅決不讓自己的感情、議論出

---

[18] 胡亞敏，頁45。
[19] 胡亞敏，頁45。
[20] 薛荔，頁203。
[21] 胡亞敏，頁45。
[22] 胡亞敏，頁45。
[23] 雷蒙-凱南，頁116。

現於作品中。由小說的開始直至結尾, 他一直保持著一種客觀的姿態, 純粹充當故事的傳達者, 起著陳述故事的作用[24]。

　2. 晉元和晉芳

　　上文曾經提到, 〈春望〉這篇小說共有三位敘述者、兩個「敘述層次」。在第一層次中, 敘述者刻意隱藏著自己的身份; 但到了第二層次時, 敘述者的身份變得非常明顯。故事中的人物——晉元和晉芳, 分別在故事中不同的地方, 轉變成「內敘述者」, 向父親講述了他們的故事。首先是晉芳, 她與父親重聚後, 便向他講述了自己過往的生活, 以及對父親的感受:

　　　　很多年過去了, 爸爸還是沒有回來, 而且連一封信也沒有。……我那時就想: 哪一天爸爸要是真回來了, 我決不理睬他! 所以, 有一天阿嬤告訴我說哥哥轉來了爸爸的信, 我就是硬著心腸不肯看。[25]

　　其後, 晉元也向父親解釋了為何晉芳會說他們斷了音訊只是十多年, 而非三十多年:

　　　　我那時候, 年紀輕, 也不知道, 這麼做對不對……忽然想到, 爸爸沒有信來, 一定也是不得已

---

[24]　胡亞敏, 頁46。
[25]　薛荔, 頁212。

的,……那麼, 我何不, 何不替爸爸, 寫信給阿嬤和
阿芳[26]?

由此可見, 晉元和晉芳均由故事中的人物, 化身成「內敘
述者」, 講述了他們的一些經歷, 彌補了「外敘述者」在敘述
上的不足之處, 有著交代和解說的功能。除此之外, 「外敘述
者」與「內敘述者」的交替出現, 還有助於建立作品的層次
感。

四. 敘述者的可靠性

根據敘述者的敘述是否可信, 可以將敘述者劃分成可信
賴和不可信賴的敘述者。一個可信賴的敘述者, 設定讀者會
將他的敘述當作是對虛構的真實有權威的描寫[27]; 而面對不
可信賴的敘述者, 讀者則有理由懷疑他對故事的敘述和評論
[28]。

在〈春望〉中, 主要的敘述者兼隱蔽的和外敘述者的特
徵, 再加上他是一個異敘述者, 他與隱含作者的價值觀是相近
的, 因此, 他的敘述很可能是可信賴的。可是, 作為內敘述者
的晉元和晉芳, 特別是當他們成為同敘述者時, 則較外敘述者
更容易犯錯誤[29], 這是因為他們屬於虛構界中的人物。在這樣
的情況下, 他們受到個人的知識水平、心理的狀況、以及不

---

[26] 薛荔, 頁215。
[27] 雷蒙-凱南, 頁118。
[28] 雷蒙-凱南, 頁118。
[29] 雷蒙-凱南, 頁121。

同的價值觀等條件限制, 因而促使他們的敘述變得不可信[30]。由此可知, 在〈春望〉中, 隱蔽的敘述者的敘述相較於晉元和晉芳的敘述爲可靠, 而且他的敘述的可靠性, 亦屬罕見。

五. 「呈現」式敘述

在小說研究上, 學者往往將小說的敘述劃分爲「講述」與「呈現」兩種不同的形式[31]。在「講述」式的敘述中, 讀者所接收到的信息, 通常是由敘述者明確地發放出來, 一般具有較強的主觀性[32]; 而「呈現」式的敘述則有所不同, 爲了避免帶有「人爲的」敘述色彩[33], 同時增強作品的客觀性, 敘述者在作品中盡量保持低調。〈春望〉這篇小說便是以「呈現」式的手法來完成故事。

〈春望〉採用了第三人稱的敘事方式, 敘述者所講的是「他」的故事。在作品中, 敘述者刻意隱藏自己的身份, 退到故事的背後, 單純地講述故事。與此同時, 他並沒有流露出任何思想感情, 或留下敘述的痕跡。以上種種的情況, 令讀者難以察覺敘述者的存在, 甚至誤以爲小說中的景物、場面、人物對話是自行湧現自己的視野中。例如在作品中, 曾有過這樣的敘述:

---

[30] 雷蒙-凱南, 頁121。

[31] 孟悅:〈視角問題與「五四」小說的現代化〉, 《文學評論》, 1985年5期,　1985年9月, 頁83。

[32] 毛曉平:〈魯迅小說敘事研究述評〉, 《魯迅研究月刊》, 1985年5期,　1985年8月, 頁83。

[33] 孟悅, 頁84。

似乎是個雲層不厚的晴朗好天。飛機漸漸飛低於雲層，密集的高樓大廈的燈火。像無數珠鑽鋪陳在天地的黑絲絨幕上，神話似地展現在窗外眼下[34]。

在這裏，敘述者顯得非常隱蔽，而有關景物的描寫則好像自行呈現出來，這種手法正是「畫面法」[35]，有助掩飾敘述的痕跡，同時，「場景法」[36]的運用亦在作品中得到反映：

晉元的聲音忽而又清楚了點：「電話不清楚，爸爸，我們見面再說……你不要講你沒有寫過……」

「喂，阿元，這是……」

「不要講太久了，讓曉雷花太多錢不好。爸爸，你要注意身體，……一定，爸爸，再見……」

「一定，一定──」[37]

從以上的例子來看，敘述者基本上不存在於作品中，那些對話彷彿是自然地展現出來。由此可見，「畫面法」和「場景法」的運用，令讀者不易察覺敘述者的存在，達到了「呈現」而非「講述」故事的效果。其實，「呈現」式敘述的最

---

[34] 薛荔，頁205。
[35] 孟悅，頁83。
[36] 孟悅，頁84。
[37] 薛荔，頁201。

大特點就是增強了作品的客觀性、眞實性和可靠性[38], 使讀者不會將作品當作一個虛構的故事, 而是一種實質的生活體驗。因此, 在一定程度上, 「呈現」式敘述與反映現實的主張, 有著密切的關係。

六. 敘述視角

　　所謂敘述視角, 即是敘述者或人物在觀察故事時所處的位置。在敘事學中, 視角與聲音是兩個相輔相承的概念, 但容易給人混淆, 因此, 有必要將兩者加以區別。視角主要是研究誰在觀察故事, 而聲音則探討誰在說故事[39]。在〈春望〉中, 視角與聲音並非一致的。視角屬於故事的主人公, 而聲音則是敘述者的。

　　根據對敘事文本中視野的限制程度, 視角可以分成「非聚焦型」、「內聚焦型」和「外聚焦型」[40], 而〈春望〉所運用的正是「內聚焦型」的視角。敘述者雖然以第三人稱的口吻講述故事, 但所採用的卻是故事中七十多歲的主人公的視角, 並且將這一特定的視野範圍貫穿於作品中。整篇小說都以主人公的所見所聞、所思所想爲線索, 將過去、現在與將來結合在一起[41]。對子女的歉疚、妻子的關懷等等各種不同的思緒, 都是來自主人公的感知, 因此, 焦點屬於固定的[42]。

---

[38] 孟悅, 頁87

[39] 雷蒙-凱南, 頁83。

[40] 雷蒙-凱南, 頁87。

[41] 胡亞敏, 頁29。

[42] 雷蒙-凱南, 頁88。

「內聚焦型」的視角的最大特點是能夠揭示人物的內心世界，充份表現出人物的內心衝突和漫無邊際的思緒[43]。在小說中，主人公對一雙子女的內疚感便表露無遺：

> 他素來不擅於用文字表達自己，內心深處層層累累的傷痛，更是連觸及的勇氣也沒有。……難道像電視劇裏的對白：「爸爸對不起你？」有那麼輕鬆嗎？自己的兒子、自己分出去的生命，卻沒有養、沒有教，結果會變成什麼樣的人呢？[44]

然而，由於「內聚焦型」的視角必須固定在特定的人物內，其視野因而受到相當的限制。例如敘述者不能介紹主人公的樣貌，同時，他亦無法了解其他人物如晉元和晉芳的生活，以及他們的思想感情[45]。在這樣的情況下，敘述者難以掌握故事的全部真相，對某些事情亦不可能提供明確的答案[46]，好像主人公的一雙子女尤其是晉元，為何那麼輕易便原諒了父親呢？在小說中，敘述者便沒有作詳細的交代，而只是側重描寫主人公的內疚感。不過，這種「內聚焦型」的視角卻留下了很多空白和懸念[47]，賦予讀者極大的思考空間。對讀者而言，這亦可算是一種解放[48]。

---

[43] 雷蒙-凱南，頁88。
[44] 薛荔，頁204。
[45] 雷蒙-凱南，頁93。
[46] 胡亞敏，頁30。
[47] 雷蒙-凱南，頁93。
[48] 胡亞敏，頁30。

七. 敘述接受者

　　敘述接受者是指敘述者的交流對象，他與讀者有所不同。前者是虛構的，而且他的活動範圍亦局限於敘事文內；後者卻是確實存在於現實生活中[49]。在敘述的過程中，敘述者會建立起敘述接受者的形象，與此同時，他亦會發出若干信號，以揭示敘述接受者的存在。敘述接受者的信號可分為顯隱兩類：明顯的信號，即敘事文中顯示敘述接受者存在的敘述[50]；隱蔽的信號，則指敘述接受者在作品中保持沉默，不體現為文字符號[51]。

　　〈春望〉這篇小說有著兩個「敘述層次」。在作品的第一層次中，敘述接受者的信號並不明顯，屬於「潛在的敘述接受者」[52]。在整個故事內，他一直保持低調，默默地接受敘述者所發出的信息，而沒有流露出任何感情，或作出任何反應，令讀者不易察覺他的存在。

　　可是，到了作品的第二層次，敘述接受者的信號變得非常明顯，故事內的人物轉變成敘述接受者，出現於敘事文中。例如從故事的主人公與其子女—晉元和晉芳的交談中，可以得知主人公正是晉元和晉芳的交流對象：

---

[49]　雷蒙-凱南，頁121。
[50]　雷蒙-凱南，頁122。
[51]　雷蒙-凱南，頁122。
[52]　雷蒙-凱南，頁122。

晉元看看他，欲言又止。他想聽更怕聽，兩人沉默了一會，不約而同都看看晉芳。晉元過一會才更低聲的說：「那幾年，我也很少回家鄉……」[53]

由此可見，主人公旣是故事的人物，同時，在某些時候他又扮演著敘述接受者的角色，從而得知一對兒女過往的經歷。

此外，由於晉元和晉芳都是「內敘述者」，與之相應，主人公也是一個「內敘述接受者」[54]。還有，根據敘述接受者在敘事文中人數的多寡，可以將之劃分爲「個體敘述接受者」以及「群體敘述接受者」[55]。在〈春望〉中，無論是在第一層次，或是第二層次中，都只得一個敘述接受者存在，所以他屬於「個體敘述接受者」，而故事的主人公作爲敘述接受者出現，更是被具體描述。

最後，受到敘述者的感染，敘述接受者往往產生了一定程度的變化，顯示出兩者之間有著密切的關係。例如當晉元向主人公解釋爲何冒充他的名字，替他寫信給家人後，主人公的思緒變得非常混亂，心中更湧起了一串串的疑問：「在那樣的情形，會不會想到做同樣的事？」[56]、「是因爲他太像自己，還是不盡像自己？」[57]面對晉元，主人公不禁產生了一份

---

[53] 薛荔，頁215。
[54] 雷蒙-凱南，頁121。
[55] 胡亞敏，頁58。
[56] 薛荔，頁217。
[57] 薛荔，頁217。

「敬畏之情」[58]。透過種種的敘述, 主人公與子女那份濃濃的親情充份流露出來, 與此同時, 敘述者與敘述接受者的親密關係亦得以揭露, 反映出敘述者強大的敘述力量。

八. 敘事時間

敘事的時間分為時序與時限兩類, 現試從這兩方面作一分析。

1. 時序

在〈春望〉中, 「現時敘述」、「逆時敘述」與閃回的運用使作品的時序複雜多變。

(一)「現時敘述」與「逆時敘述」

「開端時間」是指敘事文開始敘述的那一刻[59]。以「開端時間」為起點的敘述稱為「現時敘述」[60];而與「現時敘述」相對的, 正是「逆時敘述」, 它主要是追溯過去或預言未來[61]。在〈春望〉中, 「開端時間」是主人公乘飛機往香港的途中, 從這裏開始的敘述, 如主人公在飛機上的情況、與子女相聚的場面、以及其後的交談等, 都屬於「現時敘述」。主人公回憶起往事、交代這次來港的目的、晉芳訴說過去生活的感受、及晉元解釋信件的由來等, 凡此種種均發生於「開端時間」之前的敘述, 都是「逆時敘述」。「現時敘述」與

---

[58] 薛荔, 頁217。

[59] 胡亞敏, 頁65。

[60] 米克 · 巴爾 (Mieke Bal):《敘述學:敘事理論導論》(*Narratology: Introduction to the Theory of Narrative*, 北京:中國社會科學出版社, 1995), 頁59。

[61] 巴爾, 頁59。

「逆時敘述」在小說中交替出現，令時空顛倒，時間性相對變得模糊，作品卻也因此而顯得複雜多變。

(二) 閃回的運用

閃回又稱倒敘，即追敘過往所發生的事情[62]。在〈春望〉中，有關主人公過往的經歷及其子女的感受，大多以閃回的手法來處理。

> 離開福州以後，在廣州、香港幾處地方逗留了一段時間才到台灣；……後來消息就完全中斷了。他不知道母親和兩個孩子會怎麼想，他更不敢去猜想他們怎麼想。[63]
>
> 很多年過去了，爸爸還是沒有回來，而且連一封信也沒有。……我那時就想：哪一天爸爸要是真回來了，我決不理睬他！……爸爸的信，我就是硬著心腸不肯看……[64]

從以上的例子可見，閃回在故事裏穿插出現，有助了解人物的過往和事情的始末。

根據閃回與「開端時間」的關係，閃回可以劃分為「外部閃回」、「內部閃回」和「混合閃回」[65]。在作品內，主人公的種種回憶，以及晉元、晉芳過往的經歷，都是發生在「開

---

[62] 巴爾，頁60。
[63] 薛荔，頁203。
[64] 薛荔，頁212。
[65] 巴爾，頁66。

端時間」之前, 屬於「外部閃回」。有關的敘述都是人物對往事的回溯, 有助擴展故事的時空[66]。

　　另外, 根據閃回在敘事文中的功能, 又可將閃回劃分成「填充閃回」、「對比閃回」及「重複閃回」三種不同的類型[67]。在故事裏, 「填充閃回」的運用非常明顯。它的用處主要是對敘述中被遺漏的事件, 作出適當的補充, 具有交代和解釋的功能[68]。例如主人公與子女分離的原因, 便是透過閃回的手法在文中揭示出來。此外, 主人公與一對子女失去聯絡已經有三十多年了, 但晉芳寫信給主人公時, 卻提到「音訊斷了十多年」[69], 令他大惑不解, 結果這個疑團在後文以「填充閃回」的方式解開, 主人公終於知道晉元冒著自己的筆跡寫信回家, 安慰家人。

2. 時限

　　時限主要是研究故事發生的時間長度與敘述長度的關係[70], 以「速度」作為衡量的標準[71]。從時限的角度來看, 敘述可以劃分為多種不同的類型: (1)「等述」指敘述時間與故事時間基本相等[72]; (2)「概述」即敘述時間短於故事的時間[73];

---

[66]　胡亞敏, 頁66。
[67]　巴爾, 頁67-68。
[68]　胡亞敏, 頁67。
[69]　薛荔, 頁67。
[70]　巴爾, 頁68。
[71]　巴爾, 頁68-69。
[72]　巴爾, 頁80。
[73]　巴爾, 頁82。

(3)「擴述」是敘述時間長於故事時間[74]；(4)「省略」指故事時間沒有出現於敘述中[75]；(5)「靜述」則是敘述時間並非出現於故事中[76]。

在〈春望〉中，「等述」、「概述」、「擴述」和「省略」這些不同的時限關係貫穿全文。首先，「等述」主要運用於人物的對話中，表現了人物在特定的時間和空間下的活動，而由此構成的場面，極富戲劇性[77]：

> 「老先生家在香港嗎？」
>
> 「不，台灣──台北。」
>
> 「噢，台灣我常去，公司裏常有生意往來⋯⋯」說著遞過來一張名片。他禮貌地接下，也懶得戴上眼鏡看，便敷衍道：「寶號生意一定很興隆吧？」
>
> 「哪裏哪裏，」中年人笑得很謙和，⋯⋯[78]

故事中許多重要的場面，如主人公與子女相聚的情景，以及其後的談話等，都是以「等述」的方式來交代，可見它構成了作品的骨幹，有助加強作品的客觀性和形象性[79]。此外，作者又以「概述」的方式，概括了一些比較次要的情節。如主

---

[74] 巴爾，頁80。

[75] 巴爾，頁80。

[76] 巴爾，頁80。

[77] 胡亞敏，頁76。

[78] 薛荔，頁202。

[79] 胡亞敏，頁77。

人公到達香港時的情況，便是以寥寥數語交代：「入境，取行李，過海關」[80]。不過，「概述」的運用可以加快故事的節奏，同時令讀者掌握更全面的信息[81]。另外，「擴述」的方式亦在作品中得到反映。它主要描述了主人公的意識活動，在短短的時間內，主人公往往有許多的體會。最後，主人公在台灣三十多年來的生活，在作品中大部份都得不到反映，可見作者採用了「省略」的手法。這種手法不僅可以推進故事的發展，而且還可以達到深化意蘊的作用[82]。

　　從以上的分析可見，「等述」的運用構成了全個故事的中心，而「概述」、「擴述」和「省略」的交替出現，令結構多變，並同時造成了節奏的延宕[83]，避免沉悶和呆板。

九. 結論

　　薛荔的〈春望〉雖然與黃凡(黃孝忠, 1905-)等作家的「後設小說」收錄於同一部的小說集內，可是它沒有具備「後設小說」的幾個主要特點：反對寫實主義、強調作品的虛幻性，以及自我指涉的特質[84]。與其他「後設小說」的作家相反，薛荔在寫作〈春望〉時，一直保持著客觀的態度，務求將作品最真實、最自然的一面，呈現於讀者的眼前，作品的感染力和藝術效果也因而發揮至極高的境界。不過，如果將

---

[80] 薛荔，頁207。

[81] 巴爾，頁82。

[82] 巴爾，頁80-82。

[83] 胡亞敏，頁81。

[84] 張惠娟：〈台灣後設小說試論〉，《當代台灣文學評論大系‧小說批評卷》（鄭明娳編，台北：正中書局, 1993），頁205。

〈春望〉和其他「後設小說」相比，在形式上它便顯得較為傳統和保守，欠缺了創意和變化。

　　雖然如此，從敘事學的角度來看，〈春望〉這篇小說仍具有一定的特色。首先，不同類型的敘述者在作品中穿插出現，令故事更富變化。而這些敘述者更是具有不同的功能，如客觀敘述者的出現，有助提高作品的寫實性，因此，敘述者的多變能更有效地發揮故事的特點。除此之外，〈春望〉的另一大特色則顯示於敘事時間方面。逆時敘述與現時敘述的交替出現，已令作品的時空顛倒。閃回的運用則更進一步打亂了事情發生的次序。最後，時限的變化令故事的節奏起宕。以上各種手法的配合，令作品富於變化，避免了沉悶和呆板。由此可見，薛荔的〈春望〉在形式上，取得了一定的成就。

主要參考文獻

BA

巴爾·米克(Bal, Mieke)：《敘述學：敘事理論導論》(*Narratology：Introduction to the Theory of Narrative*)，北京：中國社會科學出版社，1995。

HU

胡亞敏：《敘事學》，武昌：華中師範大學出版社，1994。

LEI

雷蒙-凱南·施洛米絲(Rimon-Kenan, Shlomith)：《敘事虛構作品：當代詩學》(*Narrative Fiction：Contemporary Poetics*)，姚錦清譯，福建：廈門大學出版社，1991。

LIN

林興宅、洪申我：〈近年來小說敘事學研究述評〉，《文學評論家》1990年6期，1990年11月，頁56-60。

LIU

劉賓雁：〈李黎, 她不斷超越自己〉，《聯合報》, 1988年6月8日, 21版。

MAO

毛曉平：〈魯迅小說敘事研究述評〉，《魯迅研究月刊》1993年8期, 1993年8月, 頁51-56。

MENG

孟悅：〈視角問題與「五四」小說的現代化〉，《文學評論》1985年5期，1985年9月，頁76-89。

OU

歐陽明：〈敘述人稱與敘述視角〉，《中南民族學院學報》1994年4期，1994年7月，頁124-129。

WANG

汪輝：〈戲劇化、分理分析及其它〉，《文藝研究》, 1988年6期，1998年11月, 頁71-83。

XUE

薛荔：〈春望〉，《如何測量水溝的寬度》, 瘂弦編, 台北：聯合文學, 1987年2版, 頁199-227。

XI

奚密：〈自我衝突與救贖意義：李黎小說研究〉，《中外文學》1989年5期，1989年10月，頁45-65。

ZHANG

張惠娟:〈台灣後設小說試論〉,《當代台灣評論大系》,鄭明娳編,台北:正中書局,1993,卷3,頁201-222。

評語: 黎活仁

1. 陳運娣同學今年(1997-1998)得到我講授的「現代文學」、「台灣文學」學期論文「優異獎」,和「當代文學」學期論文「季軍」三個獎,成績相當不錯;
2. 這篇論文沒有宏觀思維,但心思極為細密,以敘述學最為入門的知識作分析,營造出十分豐富的內容;
3. 這是一篇很好的敘述學教材,相信〈春望〉會成為很多學生的讀物,陳同學可說是薛荔的「功臣」;
4. 陳同學在結論認為〈春望〉雖收進後設小說的專集,但不具備這類型作品的特徵;
5. 況且,在技法方面,明顯欠缺創意和變化,得分之處在時間敘事方面,云云。不知大家有什麼看法。(完)

獲獎感言: 陳運娣

在寫作有關〈春望〉這篇小說的論文之前,我對敘事學的認識不深,因此,要應用於文學作品的分析,實在感到困難。幸好黎活仁教授給我的悉心指導,才有了基本的認識。此外,又閱讀一些相關的書籍,有了起碼的知識。

然而,我對文學理論的認識始終有限,因此當我嘗試從敘事學的角度分析〈春望〉時,只引進最基本、最淺顯的概

念, 而没有進一步深入地探討, 深感其中的局限, 又缺乏想像力。

　　至於能夠獲得「優異獎」, 感到既驚且喜。「驚」是因爲完全没有想到自己能夠獲獎, 所以不得不驚訝;「喜」是自己的努力没有白費。這次獲獎帶給我極大的鼓舞, 日後我定會加倍努力, 突破從前局限, 希望在分析問題之時有更好的發揮。(全文完)

[責任編輯: 鄧擎宇]

《台灣文學教學叢刊》第1輯, 1998年12月

論張大春的〈走路人〉

曹婉恩

論文提要：張大春的〈走路人〉是一篇出色的後設小說 (metafiction)。本文第一部分利用敘事學的理論, 從敘述者、敘述接受者及時序三方面分析〈走路人〉的內容, 並略述這篇小說所表現的後設小說的技巧。第二部分則利用精神分析學者巴歇拉爾(Gaston Bachelard, 1884-1962)的四元素詩學理論, 分析〈走路人〉裏的各種大氣意象。

作者簡介：曹婉恩, 女, 1975年生, 香港大學中文系3年級 (1997-1998)學生。

關鍵詞： 張大春 〈走路人〉 熱奈特(Gérard Genette) 敘事學 後設小說 巴歇拉爾(Gaston Bachelard) 四元素詩學 大氣作家 弗萊(Northrop Frye) 冬的意象

獎項: 本文獲香港大學中文系1997-1998年度3年級「台灣文學」課程學期論文「優異獎」

一.故事梗概

　　張大春(1957—)的小說〈走路人〉[1]，是通過敘述者的回憶，以倒敘的方式講述他於三十年前追蹤「走路人」的經過。據敘述者所說，「走路人」是住在台灣山裏的一個神秘民族，他們對山區有深入的瞭解，並且有一條外人不知道的稜線通路，專為其他的民族傳遞訊息。敘述者是軍人，奉上級的命令與喬少校一起跟蹤兩個「走路人」，找出他們的稜線通路。故事以二人追蹤「走路人」的過程為主線，以敘述者與喬少校之間的關係為副線。敘述者與喬少校既是親戚，也是朋友，但由於喬少校官階較高，使敘述者不禁妒忌，把他視作競爭對手。二人跟著兩個「走路人」翻山涉水，過了幾天，敘述者與喬少校就吃不吃一塊「走路人」留下的山豬肉而發生齟齬。敘述者不遵從喬少校的命令，硬把他丟掉的豬肉吃下，結果病倒了。此時，他們追蹤「走路人」之旅也接近尾聲。在「走路人」於一處山窪子落腳的同時，敘述者不支暈倒。敘述者在神智不清的時候，看見了喬少校、又看見了他的父親，醒來時病已痊癒。最後，敘述者和喬少校一起目睹那兩個「走路人」利用芋葉帆飛越懸崖，二人的任務到此告一段落。

---

[1] 張大春(1957-)：〈走路人〉，《如何測量水溝的寬度》(瘂弦編，台北：聯合文學雜誌社，1987年，2版)，頁117-143。

二.敘述者

根據敘述者(narrator)與所敘述的對象的關係來劃分，〈走路人〉的敘述者是同敘述者，因為敘述者「我」是在敘述自己或自己所見所聞的故事[2]。在〈走路人〉中，「我」所敘述的故事，是他親身所經歷的。整個追蹤「走路人」的過程，以及當中插敘的往事，「我」都是主人公之一。在敘述自己的經歷的同時，「我」又以旁觀者的角度，敘述了「走路人」的一舉一動：

> 「走路人」臉上刺了青，身材不高，可是健壯厚實得有如山石。尤其當他們一老一少自一大片芒草後現身在望眼鏡筒裏的那一剎那……那個老的竟然在我發現他幾秒鐘之內朝我這邊打量了好一陣子；他手遮前額，凝視良久之後，和年輕人交談幾句，年輕的也朝我指手劃腳一番。[3]

敘述者雖然有機會接近「走路人」，由始至終都沒有跟他們正式接觸過，因此故事裏對「走路人」的描述，都是「我」作為第三者的所見所聞，實際上，「我」對「走路人」的行為並不理解，要不時猜測他們的用意：

---

[2] 胡亞敏(1954—)：《敘事學》（武昌：華中師範大學出版社，1994），頁41。

[3] 張大春，頁120。

　　「走路人」則在三公里之外一路高聲唱歌，
歌聲撞擊山石，迴音鑽入我們的耳鼓，彷彿在指引
著甚麼。[4]

　　可是天一亮，我們卻再度聽到「走路人」嘹亮
的歌聲；一樣的腔調，一樣的隨興所至。不過在喬
奇和我的心裏，那歌聲絕對另有含意。我們討論了
半個小時(甚至更久些)，合理的結論有兩個：一、
他們刻意裝作沒有發現我們的模樣，以便鬆弛我們
的警覺……[5]

　　這些敘述使「走路人」這個神秘的民族顯得更神秘，爲
讀者留下了思索的空間。

　　根據敘述者的敘述行爲來劃分，敘述者則可分爲「自然
而然」的敘述者(隱藏於文章之內的敘述者)和「自我意識」
的敘述者(說明自己在敘述的敘述者)[6]兩類型。〈走路人〉的
敘述者是一個「自我意識」的敘述者，因爲「我」很清楚自
己正在講故事：

　　我可以這麼說：我們永遠也不可能真正瞭解任
何聽說來的事，或者人是甚麼，或不是甚麼。我只

---

[4] 張大春，頁127。
[5] 張大春，頁130。
[6] 胡亞敏，頁45。

> 能和你們談談記憶, 而人的記憶——唉, 我是說我的
> 記憶; 彷彿也和頭髮、指甲以及......[7]
>
> 我還記得雨大得連牙齒都淋溼了......[8]
>
> 我猜想得到, 你們會以爲我在編故事。我告訴
> 你們的是記憶, 記憶好像和編故事差不多, 是嗎?[9]

敘述者一再提及他是在講述自己的記憶, 這種「敘述行爲」[10]是後設小說(metafiction)裏常用到的技巧[11]。

以敘述者對故事的態度去劃分敘事者的類型, 則可分爲客觀地陳述事實、採取不介入的態度的客觀敘述者[12], 以及可對故事中的人和事發表評論的干預敘述者[13]兩類。〈走路人〉裏的敘述者是干預敘述者, 在敘述事情的同時, 又不斷對故事裏的人和事發表自己主觀的評論:

> 當時, 我敢打一萬個賭, 他們[走路人]的歌一
> 點意義也沒有, 一點也不雄壯威武, 一點也不振奮
> 士氣。我更懷疑他們能唱出甚麼心情。他們是如此

---

[7] 張大春, 頁117。
[8] 張大春, 頁121。
[9] 張大春, 頁134。
[10] 胡亞敏, 頁45。
[11] 張惠娟(1956-):〈台灣後設小說試論〉, 《當代台灣評論大系》(鄭明娳編, 台北:正中書局, 1993, 卷3), 頁205。
[12] 胡亞敏, 頁46-47。
[13] 胡亞敏, 頁49。

> 地隨便，也許聽見林葉祟動就唱沙嗒沙嗒，聽見河
> 水就唱嚕哩嚕哩……[14]
>
> 　　如果咱們[喬奇和「我」]只是朋友而沒有階級；
> 或者只是長官與部屬而不是「哥兒們」，也許酒味
> 會溫和許多。[15]

這些都是敘述者「我」對於「走路人」、對於喬少校的
主觀評論，表達出「我」對「走路人」和喬少校的感情。

另一方面，「我」這個干預敘述者，又不時透過和敘述
接受者的對話，以及對敘述接受者提問，來表達自己的觀點
[16]：

> 　　你們說，喬奇怎麼可能在六個小時裏忘掉這
> 些，而把那兩個隨時可能摘掉他腦袋的「走路
> 人」，還有一步一步逼近他以及超越他的我當成同
> 胞？[17]
>
> 　　也許你們和我當年一樣，對「走路人」這種
> 既像郵差，又像僧侶，稱不上軍人、也算不得山賊
> 的角色感覺奇怪。至少我一聽到這些，就認定他們
> 辜負了那神話般的能力。他們沒有中心思想，沒有
> 國家觀念，沒有文化教育，甚至沒有任何立場──

---

[14]　張大春，頁127。
[15]　張大春，頁129。
[16]　胡亞敏，頁50。
[17]　張大春，頁124。

> 他們竟然不介入族與族之間的糾紛或戰爭，卻能夠
> 享受各族的盛大款待……[18]

敘述者所說的「你們」，就是故事的敘述接受者。敘述者「我」希望藉著跟他們對話，令他們認同自己的想法。

三. 敘述接受者

敘述接受者是故事敘述者的聽衆，而敘述接受者不等於讀者，因爲敘述接受者是「敘事文內的參與者，是虛構的」[19]，而讀者則是存在於敘事文之外、眞實存在於現實中的。〈走路人〉裏的敘述接受者有一個具體的形象，而這個形象是有別於眞實存在的讀者：

> 如果你們要問我：聽説台灣山地有一種「走路人」，是不是有這回事？我可以這麼説……[20]
>
> 後來？噢！不要問我這麼愚笨的問題。你們要採訪的該不只是一個故事而已吧？是嗎？你們是不是可以多知道一些關於人的東西呢？[21]
>
> 你們這些一天到晚接觸資料、整理資料、運用資料的人憑甚麼去相信資料呢？的確——只要資料之間合理，就值得相信。的確這樣麼？[22]

---

[18] 張大春，頁119。
[19] 胡亞敏，頁54。
[20] 張大春，頁117。
[21] 張大春，頁121。

　　敘述者不時提及敘述接受者在向他提問，再加上「採訪」和「整理資料」等字眼，可以猜想到敘述者是以採訪者為敘述接受者。從人數的多少來劃分，〈走路人〉的敘述接受者是「群體敘述接受者」[23]，因敘述者多是用「你們」來稱呼敘述接受者，可見他所指涉的聽衆是多於一位的。

四.時序

　　整體而言，〈走路人〉是一部逆時序的敘事作品，即運用了倒敘的方法[24]。敘述者「我」所敘述的故事發生在民國四十一年，而在故事發生三十年後的「今天」，由「我」娓娓道出：

> 　　此刻我舒適地坐在這張安樂椅上，蓋著毯子，我的十指交叉，握在腹部，輕輕地揉搓它。而我已經不記得它在三十年前曾經疼痛過[25]

　　由於「敘事是一組有兩個時間的序列」：「被講述的事情的時間和敘事的時間」[26]，因此〈走路人〉裏，出現了兩個

---

[22]　張大春，頁131。

[23]　胡亞敏，頁58。

[24]　胡亞敏，頁64。

[25]　張大春，頁133。

[26]　熱奈特 (Gérard Genette)：《敘事話語》(*Narrative Discourse*)，《敘事話語．新敘事話語》[*Narrative Discourse,*

不同的開端時間：被講述的事情的開端時間(民國四十一年十一月二十三號上午六時半)，和敘事的開端時間(三十年後的「今天」，即民國七十一年左右)。

時間的倒錯可以在過去與現在的時刻(即敘事的時刻)隔開一段距離，而這段時間距離，稱為時間倒錯的跨度。而時間倒錯本身也可以涵蓋一段或長或短的故事時距，稱為幅度[27]。在〈走路人〉裏，敘述者追憶三十年前如何追蹤「走路人」，其幅度並不明確，大致上約為七八天，而跨度則有三十年。〈走路人〉的幅度大大小於跨度，在講述完追蹤「走路人」、病倒、痊癒、看到「走路人」飛翔，敘事便突然中斷，跳過三十年的時光，回到現在。在回憶後的時空跳躍，是一個省略，對其後的事情只作十分簡略的交代。倒敘的事情，是敘述者過去的日子中某個獨立的時刻，與現在的時刻並不銜接。因此，〈走路人〉的倒敘手法稱為「部分倒敘」[28]。

〈走路人〉的時序十分複雜，因為「我」在憶述往事的同時，不斷插入現在的感想，令故事的時間不斷在這兩個時間位置間來回跳躍，形成了一個之字形曲線。作者又故意取消了基本間時方位標記(過去和現在)，沒有標明哪一段文字

Narrative Discourse Revisited], 王文融譯, 北京：中國社會科學出版社, 1990), 頁12。

[27] 熱奈特, 頁24。

[28] 熱奈特, 頁34。

屬於哪一時段，令讀者必須在心裏補上這些標記[29]，才能分辨出敘事的時序。

在以倒敘方式敘事的文本裏，在任何時間上的倒錯(過去與現在)插入其中、嫁接其上的敘事，稱爲第二敘事，而構成時間倒錯的主幹敘述部分，則稱作第一敘事[30]。因此在〈走路人〉裏，敘述者和喬少校追蹤「走路人」，以及現在的感想部分，屬於第一敘事。

敘述者「我」在敘述追蹤「走路人」的經過的時候，不時加入一些他與喬少校之間的往事：

> 他比我早兩年佔缺，早兩年晉級，早兩年進總部，早兩年回老家出任務……[31]

> 從喬奇和我離開山東老家、在抗日戰爭中幹少年兵起，我們打到安徽打到江西(還去遊歷過廬山聖地)打到湖北打到四川，一路打下來，五年然後十年，每天……[32]

這些都是「我」在追蹤「走路人」的期間所想起的往事，而這些往事是在第一敘事的時間起點之前發生的，所以都是在第一敘事所涵蓋的時間之外，故稱之爲「外倒敘」。

---

[29] 熱奈特，頁16。
[30] 熱奈特，頁25。
[31] 張大春，頁117-118。
[32] 張大春，頁124。

外倒敘由於在外部，無論甚麼時間都不會干擾第一敘事，它只有補充的功能，向讀者說明這件或那件「前事」[33]。

除了倒敘，〈走路人〉裏也有預敘：

> 我是決定不肯如此相信的——事實上去年喬奇從海外帶信給我，說我爹還硬朗朗地活著，他又娶了妻子，那女人比他短命得多，而他，強悍一如往昔，只是缺錢用。[34]

敘述者在敘述追蹤「走路人」的故事中途，忽然插入追蹤「走路人」的任務結束後的事情，以交代「我」的父親的下落。這件中間插入的事情，其開端時間(敘事起點)並未超越現在的敘述，因此是倒敘；但另一方面，由於「走路人」的故事還未說完，敘述者便提早把其後的事情先說出來，所以是預敘。故此這件提前敘述的往事，是倒敘中的預敘[35]。

雖然〈走路人〉大致上是運用逆時序來敘述，但有時也會用出現一些既是倒敘也是預敘的敘述：

> 許多許多年以後，我留起一部鬍鬚，在農莊上養了一大群自動組織成社會階層的野狗，看到牠們在附近草原上嚼食治療消化系統疾病的野草，並

---

[33] 熱奈特，頁26。
[34] 張大春，頁134。
[35] 熱奈特，頁47。

> 迅速痊癒；便一定會想起當日的情景，才恍然大
> 悟：使我們病痛的不是社會階層，而是……[36]

　　敘述者在倒敘的時候，提前通過許多年以後的回憶，引
入過去的一件事，然後把讀者帶回他最初敘述的時間，之後
再引入後來才出現的想法。整段的敘述，形成了一個之字形
的時間往還。這複雜的時間倒錯，既是預敘，也是倒敘，並
無一個明確的時間性，故稱之為無時性的敘述[37]。

五.後設小說的技巧

　　後設小說拒斥寫實傳統，同時也重視敘述接受者的角
色，現從這幾方面加以分析。

1.反寫實

　　後設小說承襲了現代主義對寫實傳統的拒斥，故「反寫
實」是後設小說的特點之一[38]。張大春在〈走路人〉中，藉
著敘述者的說話，不斷暗示文本只是從人工修飾、刪改而來
的：

> 　　我們永遠也不可能真正瞭解任何聽說來的
> 事，或者人是甚麼，或不是甚麼。我只能和你們談
> 談記憶，而人的記憶──唉，我是說我的記憶；彷
> 彿也和頭髮、指甲以及我這一部轎子一樣，會生

---

[36] 張大春，頁131-132。
[37] 熱奈特，頁50。
[38] 張惠娟，頁203。

長，會變色，會脫落，甚至被我剪掉、刮掉，修齊
掉。[39]

記憶是會隨著時間而生長和改變的。[40]

作者透過敘述者之口強調記憶並不可靠，更說「記憶好
像和編故事差不多」[41]，從而突出這個故事的虛構性質。敘
述者指出，記憶不僅會隨著時間改變，也會被記憶的擁有者
修改。敘述者在敘述自己的記憶時，會滲入虛構的成分，因
此記憶不是客觀真實。這與強調文學反映人生、作品即是鏡
子的寫實主義，剛好相反[42]。

作者借敘述者，兩次強調記憶是否真實，在完全取決於
是否有人肯相信：

我逐漸發覺到記憶和夢、歷史、宗教、政
治、新聞報導一樣，都是些你相信之後，才真實起
來的東西。[43]

無論你們相信誰的記憶，它都會在相信之後
變成最真實的故事。[44]

---

[39] 張大春，頁117。
[40] 張大春，頁133。
[41] 張大春，頁134。
[42] 張惠娟，頁203。
[43] 張大春，頁117。
[44] 張大春，頁137。

雖然記憶並不全然可靠，但假如有人相信的話，這些並不可靠的記憶便會成爲眞實的一部分，由此可見作者認爲所謂「眞實」，事實上並不存在。

2.讀者介入

後設小說另一常見的技巧是力邀敘述接受者介入作品之中[45]。在〈走路人〉中，敘述者除了敘述追蹤「走路人」的過程外，還通過不少非敘事性話語，發表現時的感想。而這些話語，明顯是以敘述接受者「你們」爲對象而發表的，因爲敘述者不時強調「你們」的存在：

> 你們要探訪的該不只是一個故事而已吧？是嗎？你們是不是可以多知道一些關於人的東西呢？就像含在你們嘴裏的口香糖，你們不會爲了把它吐在垃圾桶裏才嚼它的吧？[46]

文中差不多每一段非敘事性話語，都是以「你們」開始的，顯然是故意點明敘述者是以這些人爲說話的對象。就算在敘述回憶的時候，敘述者仍不時跟「你們」對話。雖然敘述者有特定的敘述接受者(探訪者)，但「你們」二字，其實也指向文本以外眞實存在的讀者。另外，敘述者常常邀請「你們」參與討論，以凸現讀者在文本中所扮演的角色：

---

[45] 張惠娟，頁210。
[46] 張大春，頁121。

　　　　如果你們要問我：聽說台灣山地有一種『走
路人』，是不是有這回事？我可以這麼說：我們永
遠也不可能真正瞭解任何聽說來的事……[47]

　　　　你們說，喬奇怎可能在六個小時裏忘掉這
些，而把……以及超越他的我當成同胞？[48]

　　　　也許你們該去問問他。[49]

　　敘述者不時向「你們」提問，又向他們提出各樣的建
議，讓讀者加入文本裏，參與文本的創作。

3.干預讀者閱讀行為

　　挑戰讀者閱讀行為是「後設小說」的另一項特點，作者
利用不同的方法打斷小說的敘述[50]，方法之一就是加插括弧
按語。〈走路人〉裏，作者經常運用了這種技巧，全篇共加
插了十多個括弧：

　　　　在此之前，我還沒留鬍子(因為規定不准留
鬍子)……[51]

　　　　老的在對小的傳授經驗的時候，會不會也掛
著令人寬心的笑容，好讓對方泯滅心底處最不可捉
摸的恐懼呢？(刺著青的一張老皺皮臉笑起來一定

---

[47]　張大春，頁117。
[48]　張大春，頁124。
[49]　張大春，頁137。
[50]　張惠娟，頁212。
[51]　張大春，頁117。

更假些。)他又會説些甚麼樣的故事來安慰年輕人
以贏得對方的信任與服從呢？(我爹就曾經吹噓他
曾經赤手空拳格斃一排土共的事。)[52]

作者利用括號，在文中安插一些敘述者隨意的聯想，刻
意離題，從而令讀者無法流暢地閱讀文本，減慢他們的閱讀
速度，藉以摒斥「完整架構」[53]。

六. 大氣意象

根據精神分析學者巴歇拉爾(Gaston Bachelard, 1884-1962)
的四元素(火、地、水、大氣)詩學分析，作家的想象力可分
爲火、地、水、大氣四大類，黎活仁(1950-)曾在〈《野草》
的精神分析〉一文內指出：

> 四元素——大氣、水、火和地之於西洋文
> 化，可相當於五行——金、木、水、火、土之於中
> 國文化，西洋的哲學、錬金術、神祕學等等，都與
> 四元素的思想有密切的關係。[54]

大氣作家喜歡大氣，並會對大氣的意象進行描寫和歌
頌，而張大春應可歸入此列。大氣的意象包括飛翔、下降和

---

[52] 張大春，頁121。
[53] 張惠娟，頁212。
[54] 黎活仁：〈《野草》的精神分析——兼談魯迅的象徵技巧〉，
《野草》第47號，1991年2月，頁187。

上昇、天空、星、雲、星雲、宇宙樹和風等。而對於其餘的三個元素，即火、地、水，大氣作家會加以否定，或是讓這三個元素與大氣意象結合，或以大氣的意象表現出來。在〈走路人〉中，可找到不少這類例子。

首先是飛翔的意象。在〈走路人〉開端的時候，敘述者曾問喬少校「走路人」會不會飛，先提出了飛翔的意象。其後在追蹤「走路人」的途中，又再次提到「走路人」是否長了翅膀，而「翅膀」本身是能夠飛翔的物件，長了翅膀的「走路人」也就包含了飛行的意象。不過，最明顯的例子，就是「走路人」眞眞正正的飛了起來：

> 「走路人」對我們揮舞雙手，帶動腋下的芋葉帆，露出兩口白牙，笑著。⋯⋯他們在下一瞬間衝向懸崖，然後像兩隻鵰鷹一樣地在兩山之間的迴旋氣流中盤桓片刻，最後降落到對面低崖的平頂岩上。[55]

雖然「走路人」並沒有眞的長出翅膀，但很明顯他們確是在山谷間飛翔。由於「走路人」是向較低的崖，故此不僅包含了飛翔的意象，也包含了下降的意象。在追蹤「走路人」的過程中，作者也提到其他下降的意象：

---

[55] 張大春，頁136。

　　我們在「走路人」消失於北西北方的同時，
一骨碌滑索下城，奮力收繩，一面相互拚命似地奔
躍過及踝的溪流。[56]

　　我像初春傍晚出洞覓食的草蛇般悄然滑下泥
坡，順著低地周邊灌木叢和蕨草的走勢，從「走路
人」背後繞到對面山壁下⋯⋯[57]

　　這種向下滑的下降，形式上雖有別於「走路人」的下降
方式，下降的速度也不同，但也是下降意象的一種。

　　除了下降的意象，上昇的意象也是大氣作家喜歡的意象
之一。〈走路人〉裏有不少上昇的意象：

　　我們已經踩爛苔蘚和蔓藤，先後登上那塊岩
壁，來到山的這一邊。[58]

　　我們直接攀登山洞上方的岩壁，在一塊馬鞍
形的雲母石頂端佔住制高點，一眼望去，崖就在三
百公尺之外。[59]

　　在追蹤的過程中，敘述者跟喬少校不時要攀上高處，這
種向上的移動雖然並不迅速，但明顯是主角本身上昇的意
象。至於他們追蹤的「走路人」，也有上昇的意象：

---

[56]　張大春，頁125。
[57]　張大春，頁128。
[58]　張大春，頁124。
[59]　張大春，頁135。

　　　　過不久，他們已經打點好，開始登頂。……
不過他們登頂的方式倒蠻有意思；不借助甚麼工
具，輪流用對方的身體作踏板，手腳結實又俐
落……不多會兒便上了山脊。[60]

　　「走路人」登上山脊，毫無疑問也是一種上昇的意象。

　　除了上昇和下降的意象，大氣作家也喜歡樹和樹林等意
象，因為樹木是向上生長的，可以把陸地上的生命帶到天空
去。〈走路人〉中，敘述者與喬少校在山區的樹林中追蹤
「走路人」，所以整個故事都是在樹林中發生的，包含了宇
宙樹的意象。除了背景以外，作者還不時提及一些樹木植
物：

　　　　我又叫了兩聲，稍待片刻，趁他們專心拔掉
一隻山禽羽毛的工夫，攀上一株枝葉繁密的相思
樹。[61]

　　作者不僅提及了宇宙樹的意象，還結合了上昇的意象，
安排敘述者攀上樹上去。另外，作者也曾把宇宙樹的意象與
風的意象結合起來：

---

[60] 張大春，頁125。
[61] 張大春，頁128。

　　　風從我們的腦後吹來，一直吹到相思樹那頭
去……[62]

　　既有宇宙樹的意象，也包含了風的意象。

　　寒氣也是〈走路人〉裏一個重要的大氣意象。作者把故
事的時間設定在十一月，正是充滿寒氣的冬天：敘述者和喬
少校，就是在這寒冷的天氣下，在山區追蹤「走路人」。為
了加強故事裏的寒氣，敘述者和喬少校執行任務時不僅是冬
天，而且在最初那兩天，還下著冷雨刮著風。

　　大氣作家除了直接寫大氣意象，也會把大氣的意象和其
他三個元素：火、土、水結合起來。在〈走路人〉中，作者
就曾把空氣和水結合起來，即運用大氣的意象寫水元素，把
水元素大氣化：

　　　然而我在霎時間愣住了，只覺得渾身的血液
再度凝結成寒冰……[63]

　　由於「血液」是液態的物體，所以是屬於水的意象。但
作者安排這個水的意象吸收了大氣的意象──「寒氣」，變
成固體的「寒冰」。作者把水元素與大氣元素中的寒氣結
合，把原本是屬於水元素的「血液」，變成了大氣元素。

　　另一方面，作者表明了他是不喜歡水的：

---

[62]　張大春，頁129。
[63]　張大春，頁136。

> 我還記得那雨大得連牙齒都淋濕了——因為
> 我們必須用嘴呼吸，否則會連鼻樑骨都嗆斷
> 掉。……我不時得噴掉口鼻四周的雨水[64]……
>
> 他皺著眉……憂心大雨繼續潑下去導致坍方
> 甚至山洪……[65]

對於敘述者來說，雨水不僅不是他喜歡的東西，而且還是他這次任務的障礙。由此可見，作者對於水元素，是持否定的態度的。

由以上各例子可見，張大春實有著不少大氣作家的特徵，應可歸入大氣作家之列。

七.冬的意象

諾思羅普·弗萊(Northrop Frye, 1912-)視主要敘事類型為季節圓周上的片斷弧線：春天是喜劇，夏天是傳奇，秋天是悲劇，冬天是反諷或諷刺[66]。〈走路人〉是一個冬天的小說：敘述者和喬少校在山區執行任務，正值冬季。如依弗萊分析，〈走路人〉是一篇有諷刺意味的小說。

---

[64] 張大春，頁121-122。

[65] 張大春，頁123。

[66] 馬丁(Wallace Martin)：《當代敘事學》(*Recent Theories of Narrative*，伍曉明譯，北京：北京大學出版社，1990)，頁98。

　　張大春通過不可靠的敘述，諷刺寫實主義的傳統。在〈走路人〉中，敘述者三番四次強調記憶是一種不可靠的東西，因為敘述者可以任意刪改、修飾自己的記憶，所以經由他說出來的所謂記憶，已變得不可盡信。然而，一旦有人肯相信他的記憶的話，這些記憶「都會在相信之後變成最真實的故事」[67]。

　　事實上，作者所指不可信的東西，不僅是記憶。在〈走路人〉開始的時候，作者就曾借敘述者道出「記憶和夢、歷史、宗教、政治、新聞報導一樣」[68]，可見作者認為這些都同樣是不可信的東西。作者明顯是想藉著「記憶」的虛假，以諷刺歷史、宗教、政治和新聞報導，說明跟記憶一樣，都是不可靠的，然而只要有人相信，不可靠的事情卻會變成真實。

　　作者又借敘述者「我」以諷刺人的嫉妒心和不信任他人的缺點。敘述者「我」雖與喬少校是認識多年的朋友，然而由於「我」妒忌喬少校的官階比自己高，所以在追蹤「走路人」的過程中，把他視作自己的假想敵，不肯跟他合作，甚至抗命，結果病倒。跟蹤「沒有中心思想，沒有國家觀念，沒有文化教育，甚至沒有任何立場」[69]的「走路人」一事，則是從另一角度去點出人與人之間互不信任、疑心重重的毛病。

---

[67] 張大春，頁137。
[68] 張大春，頁117。
[69] 張大春，頁119。

張大春筆下的冬天，雖然是充滿了諷刺的意味，但並不代表絕望、了無生氣，反而是充滿生機和轉機的季節。例如「我」和喬少校兩人最後都能順利完成任務，「走路人」沒有加害他們，而在任務結束後，二人又回復到兒時一般親近。

八. 結論

張大春的小說十分多樣化，不僅在主題、內容方面，更在於他勇於引入現代的表現手法，去處理不同的題材。在〈走路人〉這篇小說裏，他利用不同的時序，構成了不同形式的敘事時間，佈局十分巧妙。另一方面，他又使用了不少後設小說的技巧，應用得十分恰當。正因為這樣，張大春才能在芸芸作家中建立自己的獨特風格。

主要參考文獻

GE

熱奈特(Genette, Gérard)：《敘事話語, 新敘事話語》(*Narrative Discourse, Narrative Discourse Revisited*)，王文融譯，北京：中國社會科學出版社, 1990。

HU

胡亞敏：《敘事學》，武昌：華中師範大學出版社, 1994。

LI

黎活仁：〈《野草》的精神分析──兼談魯迅的象徵技巧〉，《野草》47號，1991年2月，頁187-200。

MA

馬丁(Martin, Wallace):《當代敘事學》(*Recent Theories of Narrative*),伍曉明譯, 北京:北京大學出版社, 1990。

WO

渥厄, 帕特莎(Waugh, Patricia).《後設小說:自我意識小說的理論與實踐》(*Metafiction*), 台北:駱駝出版社, 1995。

ZHANG

張大春:〈走路人〉, 《如何測量水溝的寬度》, 瘂弦編, 台北:聯合文學雜誌社, 1987, 頁117-143。

張惠娟.〈台灣後設小說試論〉, 《當代台灣評論大系》, 台北:正中書局, 1993, 卷3, 頁201-227。

Bachelard, Gaston. *Air and Dreams: An Essay on the Imagination of Movements*. Trans. Edith R. Farrell and C. Frederick Farrell, Dallas: Dallas Institute Publications, 1988.

~~~~~~~~~~

評語:　黎活仁

1. 這篇論文前半部是以敘述學分析, 後半部是以巴歇拉爾「四元素詩學」爲基礎寫成的。 後半部寫得很有趣, 巴歇拉爾指出尼采的超人喜歡在山上走來走去, 山谷的低昂形成上升下降現象, 以此證諸〈走路人〉亦然;

2. 「台灣小說金童」向以敘事變化多端見稱, 經曹同學分析之後, 可知在時序方面, 〈走路人〉實得力於熱奈特所揭示的「無時性」敘述, 詳第四節;

3. 《荒人手記》問世之後,台灣文壇漸次沉溺於「情色」,
   回顧〈走路人〉則有點類似《湯姆歷險記》的後記,或是
   未完的《湯姆西遊補》,有「擬」「流浪漢小說」性格,
   第六節揭示「走路人」能如猢猻爬樹,足見其「互文」關
   係;

4. 曹同學第七節又認為小說寫出了「人與人之間的互不信
   任,疑心重重的毛病」,這也是安徒生和格林童話常見的
   主題;

5. 如果沒有曹同學的分析,恐怕難體會張大春的一顆善心,
   且說,大話西遊之後,先前「勾心鬥角」的上司下屬,又
   被安排和好如初,「回復到兒時一般的親近」,顛覆了童
   話的「非理性」,比安徒生和格林「童話」更接近於「童
   話」。 因此,〈走路人〉無疑是一篇「後設童話」。(完)

獲獎感言

　　二年級開始修讀黎老師的「當代文學」課程,有緣接觸
西方文學理論,過去總以為這些抽象的東西艱澀沉悶,但後
來發覺十分有趣。然而,要學以致用,談何容易! 在寫論文的
初期,對敘事學所知有限,幸得黎活仁老師的幫助,終於得以
順利解決。

　　大學教育強調要訓練學生獨立思考的能力,可是,在三年
的學習生活之中,真正要獨立思考的機會並不多,因此修讀
「當代文學」課程是個十分寶貴的經驗。首先,黎博士在課
堂上講授不少西方文學理論,於是對一些問題開始有了不同

的看法；其次是，論文從題目到內容大綱，都必須自行擬訂，有了發揮的空間。獨自蒐集參考資料的過程，也使在學習方面變得更主動，知道如何把不同的資料整合分析。最重要的是，學懂了怎樣寫論文。

　　這篇論文能夠得獎，對我來說是極大的鼓勵。拙作自然仍有未盡善之處，但付出了心力，得到老師的評價，實在興奮莫名。最後，要感謝黎博士和鄧擎宇先生的悉心指導！(完)

[責任編輯：鄭振偉、鄧擎宇]

《台灣文學教學叢刊》第1輯, 1998年12月

從敘事學看〈戴眼鏡的PS小姐〉

葉國威

論文提要: 敘事學是用以研究故事的結構, 文本的內容與結構
　　是不可分割的。現從敘事學分析小野〈戴眼鏡的PS小姐〉
　　一文。

作者簡介: 葉國威, 男, 1976年生, 香港大學中文系3年級
　　(1997-1998)學生。

關鍵詞: 小野 〈戴眼鏡的PS小姐〉 敘事學 敘述者 敘述接受
　　者 時序 內聚焦

獎項: 本文獲香港大學中文系1997-1998年度3年級「台灣文
　　學」課程學期論文「優異獎」

一. 序言

在一篇小說中, 故事與結構有著不可分割的關係。一個好
的故事要有一個理想的結構。一直以來, 人們都只重視故事的
內容, 往往忽略了結構的存在。敘事學的出現, 恰好填補了這
個不足。

敘事學的研究者「否認內容在文本中所處的決定地位, 認
為當形式(結構)脫離了內容的制約, 在文本中也便具有了新

的意義[1]。」敘事學的引入，爲文本的研究提供一條新路向。現在從敘事學探討小野的《戴眼鏡的PS小姐》。

二. 作者簡介

　　小野，本名李遠，1951年生於台北，原籍福建武平，台灣師範大學生物系畢業，曾在陽明醫學院任教，並赴美國紐約州立大學水牛城分校就讀分子生物研究所1980年開始投身電影工作，現任中影製片企劃部副理。

　　1973年，小野開始發表小說，並曾獲聯合報小說首獎，著有小說集《蛹之生》、《試管蜘蛛》、《封殺》、《黑皮與白皮》等等。小野亦曾編寫一系列電影劇本，如《成功嶺上》、《我們都是這樣長大的》等。而一系列家庭親子散文如《企鵝爸爸》、《可愛的女人》和《輕少女白皮書》等更獲廣大讀者喜愛。

三. 故事梗概

　　主角「我」是一個音樂家，與情婦江鳳一起在髒亂的都市裡過著忙碌，但空虛而縱欲的生活，目雖明而實盲，久而久之，心智也如被污染的都市一般蒙上塵土。

　　PS小姐夜勉主角靜聽蟬鳴，這對主角而言原是陌生且近乎多餘的事情，但這新穎的提議，促使到主角前往雙溪重溫童年往事，蟬蛻需求陽光的潛意識亦隨之翻湧。

---

[1]　毛曉平：〈魯迅小說敘事研究述評〉，《魯迅研究月刊》， 1993年8期， 1993年8月，頁51。

在江鳳離去之後, 主角祈求改變的意念浮現。見到了目雖盲而心實明的PS小姐, 藉著江鳳與PS小姐明顯的對比, 主角的自責, 和謀求調適的意願清晰呈現。

四. 敘述者與視角

敘述者與視角有很密切的聯繫。「視角指敘述者或人物與敘事文中的事件相對應的位置或狀態, 或者說, 敘述者或人物從什麼角度觀察故事。」[2]換句話說, 視角即是觀察點。把視角和敘述者理論配合, 「視覺研究誰看的問題, 即誰在觀察故事, 聲音(敘述者)研究誰說的問題, 指敘述者傳達給讀者的語言。」[3]明白到敘述者或人物在故事中的觀察和敘述角度, 對了解故事的敘事模式是有很大的幫助。

視角的基本類型有三：1)非聚焦型, 「這是一種傳統的、無所不知的視角類型, 敘述者或人可以從所有的角度觀察被敘述的故事。」[4] 2)內聚焦型, 「在內聚焦視角中, 每件事都嚴格地按照一個或幾個人物的感受和意識來呈現……而對其他人物則像旁觀者那樣, 僅憑接觸去猜度、臆測其思想感情」。[5] 3)外聚焦型, 「敘述者嚴格地從外部呈現每一件事, 只提供人

2　胡亞敏(1954-)：《敘事學》(武昌：華中師範大學出版社, 1994), 頁19。
3　胡亞敏, 頁20。
4　胡亞敏, 頁24。
5　胡亞敏, 頁27。

物的行動、外表及客觀環境，而不告訴人物的動機、目的、思維和情感。」[6]

　　不同的故事有不同的視角，《戴眼鏡的PS小姐》的視角類型屬於「內聚焦型」。小說的主角是「我」，由始至終，故事都是以主角的角度為觀察角度，並沒有採用其他人的視角，我們稱這種視角為「固定內聚焦型」[7]。「內聚焦型」視角的好處，在於能夠全面剖析「我」的心理狀態：

> 　　我下意識的把那副原本不屬於我的太陽眼鏡戴上。這是我第一次戴這種眼鏡，忽然覺得自己長高了，起碼多了五公分，我抬頭挺胸充滿自信。[8]

　　但在內聚焦型視角之內，我們只能夠看見主角的心理變化，卻不能看見其他角色如江鳳和PS小姐的心理變化，因為故事是以主角的眼睛為觀察角度，所以對於一些事情如江鳳失蹤的原因便無法交代，我們亦無從知道PS小姐何時才會致電與「我」，這種「故事空白」的情況，在故事中可以發揮正面或負面的作用。在《戴眼鏡的PS小姐》中，「故事空白」起了正面的作用，因為它起了揚長避短、去蕪存菁的作用。

6　胡亞敏，頁32。
7　胡亞敏，頁30。
8　小野：〈戴眼鏡的PS小姐〉，《如何測量水溝的寬度》（瘂弦編，台北：聯合文學，1987，2版），頁178。

　　《戴眼鏡的PS小姐》的主旨是突顯江鳳與PS小姐的對比, 讓主角通過自責, 謀求調適, 能夠帶出這主旨的當然要「揚」, 否則便要「避」。在這情況之下, 江鳳與PS小姐的心理描寫便變得不重要, 因此, 把「固定內聚焦型」視角放在主角身上, 是最適合不過。

　　「外聚焦型」和「非聚焦型」二者相比, 「內聚焦型」顯然更適用於這小說。如果用「外聚焦型」視角, 我們只能知道各人表面上的行動, 不會了解「我」從和江鳳一起到認識PS小姐之後的心理變化;若用「非聚焦型」視角, 我們就很難代入主角的角色。因此, 用「內聚焦型」視角便最適合。

　　在研究《戴眼鏡的PS小姐》的視角類型之後, 我們試看此小說的敘述者類型。胡亞敏的《敘事學》從四個方面去闡釋敘述者的類型。下文將集中研究其中三個類型。

　　根據敘述者與所敘述的對象之間的關係, 可劃分成「異敘述者和同敘述者」。「異敘述者」不是故事中的人物, 敘述的是別人的故事;而「同敘述者」則是故事中的人物, 敘述自己或與自己有關的故事。[9]在《戴眼鏡的PS小姐》中, 「我」所講的是「自己的或與自己有關的故事」、「自己所見所聞的故事」, 故屬於「同敘述者」。[10]

　　而從敘述者的敘述行為劃分, 敘述者類型可分為「自然而然的敘述者」和「自我意識的敘述者」。前者是指敘述者隱身於文本之中, 盡量不露出寫作或敘述的痕跡;而後者則指敘述

9　胡亞敏, 頁41。
10　胡亞敏, 頁41。

者或多或少意識到自己的存在，並出面說明自己在敘述。[11]這小說的敘述者類型為「自然而然的敘述者」，因為這個「我」並沒在作品中講述他的構思過程和敘述方式。

　　根據敘述者對故事的態度來劃分，可分為「客觀敘述者」和「干預敘述者」兩種類型。顧名思義，「客觀敘述者」指敘述者只講述單純的事實，不會發表自己的意見；而「干預敘述者」則恰恰相反，敘述者在故事中會不斷發表意見和表達感情。[12]「我」是一個「干預敘述者」，可以對故事中的事件、人物或社會現象發表評論：

　　　　車窗玻璃上貼著「模範司機」的梅花標幟。在這樣的榮譽下，他似乎顯得更加謹慎，彷彿他告訴你他有信仰，所以一切違規不道德的事都不能做，因為那會和他的榮譽牴觸。[13]

　　歸納以上三個角度，《戴眼鏡的PS小姐》的敘述者是「同敘述者」、「自然而然的敘述者」和「干預敘述者」。而「我」同時是一個「可靠的敘述者」。

　　什麼是「可靠的敘述者」？「可靠的敘述者」有別於上文提及的三種類型。(最後一種會在下一節描述) 研究敘述者的

---

[11]　胡亞敏，頁45。
[12]　胡亞敏，頁46-47。
[13]　胡亞敏，頁46。

可靠性, 是從接受的角度對敘述者的形象作判斷[14]。有些作品中的敘述者能為讀者提供十分逼真的人物和環境, 並且情感真摯, 是為「可靠的敘述者」; 相反, 有些作品言詞偏頗, 喜用反諷, 是為「不可靠的敘述者」[15]。

　　敘述者在讀者眼中是可靠還是不可靠, 還看敘述者在故事中的「表現」。在《戴眼鏡的PS小姐》中, 敘述者「我」「自然而然」的把自己的故事娓娓道出, 就像真人真事一般, 有時又對事件作出評論, 給予讀者一種真實的感覺。這小說的目的旨在說明「我」如何重獲新生, 是一個寫實的故事。寫實故事最重要的是令讀者信服, 從這角度看, 《戴眼鏡的PS小姐》顯然非常成功。

　　視角與聲音可以一致, 亦可以不一致。如魯迅(周樟壽, 1881-1936)的〈孔乙己〉中, 主角的視角是一個小伙計, 而聲音則是一個成年人(長大了的小伙計)。但在《戴眼鏡的PS小姐》中, 視角與聲音則是同步進行的。在「我」與江鳳一起的日子, 聲音也帶點兒空虛和無奈:

　　　　我繼續編我那些自我抄襲的陳腔濫調, 「大棵」抱怨加值型營業稅害他喝牛奶多花三塊錢,[16]

　　相反, 認識PS小姐之後, 聲音則變得積極:

14　胡亞敏, 頁212。
15　胡亞敏, 頁212。
16　小野, 頁176。

　　　　我決定離開這個城市，往大甲、清水、沙鹿的
　　方向旅行，我想去尋找那些聲音，去想念那個叫PS
　　的女孩，我想我是真正戀愛了。[17]

　　視角與聲音同時成長，緊扣讀者與「我」的思想，令讀者
更明白「我」心理上的轉變，使《戴眼鏡的PS小姐》成為一個
成功的寫實故事。

五. 敘述者與敘述接受者

　　敘述者與敘述接受者是一個相對的概念。敘述者指敘事文
的「陳述行為主體」，或稱「聲音或講話者」，它與視角一起，
構成了敘述[18]。但在交流中，「我」與「你」是互為前提的，它
總是以某個人或某一群人為對象，並須以至少一位敘述者而
且以至少一位敘述接受者為其先決條件，敘述接受者即敘述
者對話的對象。[19]

　　上文提及，敘述者類型的研究有四個方向，最後一個是根
據文本中的敘述層次劃分為「外敘述者」和「內敘述者」。「外
敘述者」是第一層次故事的講述者，他在作品中可以居支配地

---

[17] 小野，頁187。
[18] 胡亞敏，頁36。
[19] 胡亞敏，頁53。

位, 也可以僅起框架作用[20]。而「內敘述者」是相對「外敘述者」而言, 第二、第三層敘述者。是「故事內講故事的人」[21]。

而敘述接受者方面, 我們亦同樣可以分為「外敘述接受者」和「內敘述接受者」。「外敘述接受者」是「外敘述者」的聽眾, 他既可以作為人物或有稱謂的讀者, 也可沉默地隱藏在故事的背後;「內敘述接受者」則與「內敘述者」相應, 是內敘述者訴說的對象[22]。

小說的敘述者是「我」, 這個「我」是小說內的其中一個角色, 是第一層次故事的講述者, 在作品中居支配地位, 故是「外敘述者」。除了主角之外, 故事還有江鳳和PS小姐兩個人物, 他們亦有自己的故事, 如江鳳決定和丈夫離婚, 另嫁一個義大利人;PS小姐如何在旅行中錄下天籟之音等, 這種故事內講故事的人, 稱為「內敘述者」。

由於外敘述者「我」並不是一個自我意識的敘述者, 故外敘述接受者在故事中並不明顯。但是, 「敘述者給自己一個信息是沒有意義的, 敘述者的介紹、解釋總有所指」[23]。在《戴眼鏡的PS小姐》中, 我們可以發現這種「沒有意義」的信息:

20　胡亞敏, 頁43。
21　胡亞敏, 頁43。
22　胡亞敏, 頁59。
23　胡亞敏, 頁57。

　　　　這些年在錄音室工作，編不完的各式各樣的曲
子，編到後來幾乎都靠直覺反射了，有時候來不及
寫，在錄音室邊錄邊寫[24]

　　既然是「總有所指」，那麼這段說話是說給誰聽的？個人
認為這種「外敘述接受者」就是讀者。不論是有一套闡釋文本
的文學能力的理想讀者，還是在閱讀中完全依賴文本引導的
消費性讀者[25]，在這裏均處於故事的背後，對故事的發展沒有
影響，只能在字裡行間感覺其存在。

　　至於相對江鳳和PS小姐兩個「內敘述者」，「我」則變成
一個「內敘述接受者」。因為在故事中，「我」是作為二人訴
說的對象。

　　值得注意的是，「我」作為第一層次的敘述者之餘，亦是
第二層次的敘述接受者。作為敘述者的「我」，在故事中其實
只起了框架的作用：如介紹人物、連繫情節等；故事的中心，其
實是落在作為敘述接受者的「我」身上。小說的重點落在「我」
和江鳳與PS小姐的交流上。通過與PS小姐的交往，「我」才明
白到自己心底想追求的是什麼，找回自己應走的路，提昇自
我。這是作為敘述接受者才能做到。所以，「我」兼任敘述者
和敘述接受者之餘，以敘述接受者的身份在故事中所發揮的
功用較大。

---

[24] 小野，頁174。
[25] 胡亞敏，頁203-204。

　　在故事初段出場的計程車司機, 究竟能否算上是一個敘述者呢?

　　這個司機在故事中是一個不起眼的角色, 甚至可以說是一個閒角。他在故事中除了對該城市的交通作出批評外, 還認為「我」會聽舒伯特的音樂:

> 　　我是猜你大概喜歡(舒伯特的音樂)。我一向放客人喜歡的音響……如果你要聽廖竣、澎澎的餐廳秀, 我也有。[26]

　　在這司機與「我」的交流中, 司機敘述了他對「我」的感覺:喜聽舒伯特的音樂。在這裡, 司機其實已擔當了敘述者的角色, 而相對的敘述接受者是「我」。喜聽舒伯特的音樂代表重視精神生活, 在PS小姐之前, 這司機已獨具慧眼, 知道「我」心底所好, 為故事作出了伏筆。

六. 敘事時間的辨析

1. 雙重時間序列

　　時間因素是敘事文的基本特徵, 是一個具有雙重時間序列的轉換系統[27]。所謂雙重時間序列, 是指:1)故事的原始或編年時間, 和2)故事文本的敘述時間[28]。有時候, 作者不會把故

26　小野, 頁174。
27　胡亞敏, 頁63。
28　胡亞敏, 頁63。

事情節按事情發生的先後順序展現出來。如運用了倒敘法的文章便是先把結尾寫出來，然後才回憶往事。在這情況之下，故事的原始時間和故事文本的敘述時間就有所分別了。敘事學於敘事時間的分析，其中一點就是要找出敘事文如何排列故事的次序，和找出兩種時間序列的關係。

　　找出敘事文如何排列故事次序的技巧，我們稱為故事時間的重建。我們首先為《戴眼鏡的PS小姐》重建故事：

　　根據故事的原始或編年時間，《戴眼鏡的PS小姐》故事的順序應是這樣的：

1)　　小時候，「我」常和幾個孩子到山林間捕蟬。

2)　　江鳳跑到「我」家胡混。

3)　　「我」乘計程車到錄音室工作，在車中聽到舒伯特的音樂。

4)　　在錄音室中第一次接到PS小姐的電話，PS小姐第一次提到蟬聲。

5)　　江鳳送「我」一副太陽眼鏡，這眼鏡是江鳳的丈夫買的。

6)　　在家中再一次接到PS小姐的電話，PS小姐再一次提到蟬聲。

7)　　「我」跑到外雙溪，丟棄那副太陽眼鏡。

8)　　江鳳失蹤。

9)　　PS小姐再次致電到「我」家，「我」想約她出來，但她拒絕。

10)　江鳳回來，並謂已經決定嫁予一個義大利人。

11)　「我」與PS小姐見面，並發現她是一個失明人士。

「我」被PS小姐所錄下的天籟吸引, 決定到處旅行, 找尋天籟的聲音。

用數字來代表,《戴眼鏡的PS小姐》的編年時間順序是: 1—2—3—4—5—6—7—8—9—10—11—12。但是, 如果根據故事文本的敘述時間, 其順序則是: 3—2—4—5—6—1—7—8—9—10—11—12。編年時間和文本的敘述時間有顯著的分別。而做成這種分別的, 就是敘事時序這種技巧。

2. 時序

故事時間的次序, 在敘事學中稱為時序。剛才說過, 編年時間和文本的敘述時間是有分別的, 而做成這種分別的, 就是時序。研究時序就是研究編年時間順序和敘事文中排列的時間順序之間的關係。

敘事時序可分為三種: 1)閃回, 即倒敘, 回頭敘述先前發生的事; 2)閃前, 即預敘, 指敘述者提前敘述以後將會發生的事; 和3)交錯, 即閃回和閃前的混合運用, 是過去、現在、未來錯綜複雜的交織。[29]《戴眼鏡的PS小姐》中並沒有對故事的未來加以預測和敘述, 只是運用了「閃回」這一種手法。

研究閃回之前, 必先明白「開端時間」這個概念。「開端時間」是指敘事文開始敘述的那一時刻[30], 即是文本中最開端的敘述時間。根據剛才文本的敘述時間順序,《戴眼鏡的PS小姐》的「開端時間」是3)「我」乘計程車到錄音室工作, 在車中聽到舒伯特的音樂。

---

[29] 胡亞敏, 頁65 - 71。

[30] 胡亞敏, 頁65。

　　根據閃回與開端時間的關係，閃回可分爲外部閃回，內部閃回和混合閃回。「外部閃回敘述的是開端時間之前的事，內部閃回敘述開端時間之後的故事，混合閃回則是外部閃回與內部閃回的結合幅度從開端時間之前一直延續到開端時間之後」。[31]作者先後二次運用閃回技巧，使故事層次分明，帶出主題。

　　小說第一次出現閃回是介紹江鳳出場的時候，即是文本順序中的2) 江鳳跑到「我」家胡混。根據編年時間順序，這事件是發生在「開端時間」之前，所以是一次「外部閃回」。小說是用「昨晚」來引出這一節的：

　　　昨晚江鳳自動跑來我那兒，從皮包裡掏出一卷什麼「丹麥」電影的錄影帶，然後插進錄影機裡。不久電視機便播出那種說不到兩句話便衣服剝得精光的玩意兒。[32]

　　承接這一段「閃回」，是PS小姐出場的一節：

　　　大約就是正午，我接到一通非常奇怪的電話。密閉的錄音室見不到陽光，潮溼的霉味依然很重。對方是一個自稱PS的女孩。[33]

---

[31] 胡亞敏，頁66。
[32] 小野，頁174。
[33] 小野，頁174。

　　作者刻意把江鳳出場的一段安排在PS小姐出場之前, 讓
讀者能夠比較二者鮮明而對立的形象:

　　　　(江鳳)像往常一樣趴到我的上面, 很用力的擺
　　動她的身子, 而且也大聲的叫著。樓下的房東回南
　　部了, 她可以盡情的歡呼, 然後表情漸漸轉爲痛苦,
　　像要哭了那樣難看。(PS小姐問)「你在夜裡聽過蟬
　　聲嗎?……蟬只會在白天的時候叫。尤其是黃昏,
　　夏天的黃昏, 蟬的聲音最大, 可是夜裡不可能有蟬
　　聲。我偏偏都是在夜裡才聽到蟬聲。眞的, 我清清
　　楚楚的聽到蟬聲, 而且不斷的, 一直叫。」 ,³⁴

　　爲了凸顯PS小姐那種清新的氣息, 作者刻意把江鳳出場
的一段安排在PS小姐出場之前, 江鳳代表了「我」那種縱欲而
空虛的生活, 而PS小姐則代表了 「我」潛在意識所追求的精
神生活, 如果按照編年時間順序的話, 江鳳的出場和PS小姐
出場之間, 便會隔著「我」乘計程車到錄音室工作, 在車中聽
到舒伯特的音樂的一段。對比的效果便會大打折扣。值得注意
的是, 江鳳和PS小姐出場是一個頗爲重要的安排, 因爲這故
事的重點是「因PS小姐的出現而令『我』有祈求改變的意念」,
因此, 讀者對江鳳和PS小姐的第一印象便變得重要。安排江鳳

---

³⁴ 小野, 頁175。

和PS小姐並列出場是一個聰明的做法，而「閃回」這技巧則在不影響編年時間的情況之下，成功完成這件工作。

　　第二次閃回則用於「我」第二次接到PS小姐的電話之後的一節[35]，內容講述「我」因為PS小姐的電話而有去雙溪的衝動，繼而回想小時候常和幾個孩子到山林間捕蟬的事：

> 　　童年就住在故宮博物院的對面，每年夏天一到，便和幾個孩子相邀至山林間捕蟬……　　曾經一個下午抓到十六隻蟬，然後往山裡走，一路上發現了許多蓮霧樹，我爬上樹狠狠的吃了一頓蓮霧，把肚子都吃痛了。後來我帶著其他孩子想飽餐一頓蓮霧時，便再也找不到那條小徑了。[36]

　　因為這一節是回想「開端時間」之前所發生的事，所以亦是一次「外部閃回」。作者刻意把這一節放在這一個位置，成了故事的一個轉捩點，有承先啟後的作用：這段之前一節提到江鳳送「我」一副太陽眼鏡，這眼鏡代表「她的庸俗、齷齪、虛偽與偏狹」[37]。PS小姐的第二次電話，提到禪聲，令「我」想起了兒時捕蟬的片段，這反映出，「我」的本質並非空虛縱欲，在童年亦有捕蟬為樂的日子。PS小姐的電話，令「我」的

---

[35] 小野，頁179。
[36] 小野，頁180。
[37] 余玉照：〈意象的統一〉，《如何測量水溝的寬度》（瘂弦編，台北：聯合學，1987年2版），頁192。

潛意識翻動。故事並沒有明確交代「我」為何欲回到雙溪, 亦沒有交代「我」為何會回憶童年的片段, 但通過這些描述, 我們知道「我」已找回昔日的自己, 明白到自己真正想追求的是什麼──縱使「我」在當時仍未十分明白。之後「我」「毅然丟棄了江鳳的『贈品』, 乃是自我提昇過程的開端」[38], 為「我」日後放棄都市的物質享樂而追求精神上的天籟之音留下伏筆。由此可見, 這段閃回運用的重要性和巧妙之處。

七. 總結

　　一篇小說的成功, 除了要有好的故事外, 如何去鋪排整個故事也是一個重要的因素。敘事學就是要研究如何鋪排故事, 即是研究故事的結構。從敘事學去分析, 《戴眼鏡的PS小姐》亦甚有特色。閃回的運用令小說的對比感強烈, 容易掌握主題; 而主角「我」既是敘述者, 又是敘述接受者的安排, 加上適當的視角和聲音的處理, 使這個帶有一點勵志意味的寫實故事, 成為一篇成功的作品。

主要參考文獻

HU

胡亞敏:《敘事學》, 武昌:華中師範大學出版社, 1994。

MAO

---

[38] 余玉照, 頁192。

毛曉平：〈魯迅小說敘事研究述評〉，《魯迅研究月刊》1993
　　年8期，1993年8月，頁51-56。

XIAO

小野：〈戴眼鏡的PS小姐〉，《如何測量水溝的寬度》，台北：
　　聯合文學，1987年2版，頁171-187。

YU

余玉照：〈意象的統一〉，《如何測量水溝的寬度》，台北：
　　聯合文學，1987年2版，頁191-192。

~~~~~~~~~~

評語：黎活仁

1. 「總結」說這是個有點「勵志」和「寫實」的故事，我看也
　 不一定，「事與願違」實「滄桑正道」，年輕人對未來有較
　 大的期望，自然就無法理解；

2. 主人公無疑是有可能在人海繼續漂泊，隨時沉淪下去，聽
　 蟬鳴怎可能得到提升？除非得力於詮釋者的建構，否則小
　 說並未作出交代；

3. 這篇論文把待評的文本作了很好的解讀，原來的小說本意
　 實無從把握，閱後說不出所以然，但是，卻可以用敘事學
　 加以分析，明確知道一些特點；

4. 藉敘事學無中生有，洋洋萬言，析理中規中矩，自圓其說，
　 是這篇文章的優點；

5.「適當的視角和聲音的處理, 使這個帶有一點勵志意味的寫
　實故事, 成為一篇成功的作品」, 這一想法不知是否可以同
　意。

~~~~~~~~~~~~~~~~~~

獲獎感言

　　有緣拜讀其他獲獎作品, 實在十分佩服, 能夠有機會一起
拜師學藝, 感到無限欣喜。連月閉會造車, 心力交瘁, 不想得
到老師的肯定, 努力總算沒有白費。

　　小野的〈戴眼鏡的PS小姐〉成功地寫出了都市人那種心
靈上的空虛、和「我」不由自主的生活在這種世界的無奈。作
者借PS小姐對「我」的啟發, 道出在名利和肉慾的奔逐之外,
心靈上的追求才是最重要的, 相信這也是〈戴眼鏡的PS小姐〉
的主旨。

　　但故事如果沒有好的結構, 也是無法吸引讀者的。〈戴眼
鏡的PS小姐〉又應如何評估? 印象中似若隱若現, 若有若無,
若平平無奇, 但又有無限的魅力!

　　拙稿借重胡亞敏《敘事學》中最基礎的概念, 嘗試把〈戴
眼鏡的PS小姐〉的結構勾勒出來。從前寫作論文, 往往倚賴前
人的研究成果, 如今要獨力解構一個文本, 殊非易事。用敘事
學研究〈戴眼鏡的PS小姐〉〉的研究著作還沒有機會拜讀, 因
此, 只能嘗試以個人的想象去分析, 任務是艱鉅的, 但滿足感
自然非筆墨所能形容。

　　最後，希望趁這一機會感謝黎教授給我這個抒發所思所感的機會。(完)

[責任編輯: 白雲開]